高校学生教育与能力培养研究

刘 芳 徐佳欣 李 钢 ◎ 著

吉林出版集团股份有限公司

图书在版编目（CIP）数据

高校学生教育与能力培养研究 / 刘芳，徐佳欣，李钢著． — 长春：吉林出版集团股份有限公司，2024.7.
ISBN 978-7-5731-5418-7

Ⅰ．G64

中国国家版本馆CIP数据核字第20246WA444号

高校学生教育与能力培养研究

GAOXIAO XUESHENG JIAOYU YU NENGLI PEIYANG YANJIU

著　　者	刘　芳　徐佳欣　李　钢
责任编辑	曲珊珊
封面设计	林　吉
开　　本	710mm×1000mm　　1/16
字　　数	178千
印　　张	11.5
版　　次	2024年7月第1版
印　　次	2024年7月第1次印刷
出版发行	吉林出版集团股份有限公司
电　　话	总编办：010-63109269
	发行部：010-63109269
印　　刷	廊坊市广阳区九洲印刷厂

ISBN 978-7-5731-5418-7　　　　　　　　　　　　定价：78.00元

版权所有　　侵权必究

前　言

随着时代的快速发展，社会对高校学生的教育与能力培养提出了更高的要求。特别是在全球化、信息化的背景下，高校教育不再仅仅是知识的传递，更多的是对学生综合素质与能力的全面培养。因此，对高校学生教育与能力培养进行深入地研究，具有重要的理论价值和实践意义。

当前，高校教育面临着诸多挑战和机遇。一方面，社会的快速变革对人才的需求日益多元化和复杂化，要求高校教育必须不断更新教育理念、完善教育体系，以培养出更多具备创新精神和实践能力的高素质人才。另一方面，信息技术的迅猛发展也为高校教育带来了前所未有的机遇，如在线教育的兴起、智能化教学工具的广泛应用等，都为高校教育的创新与发展提供了广阔的空间。

然而，目前关于高校学生教育与能力培养的研究还不够系统和深入。一方面，现有研究多侧重于某一具体学科或某一特定能力的培养，缺乏对整体教育体系的系统性探讨。另一方面，研究方法和手段也相对单一，缺乏跨学科、跨领域的综合性研究。因此，有必要从更宏观的视角出发，对高校学生教育与能力培养进行全面、深入地研究。

本书旨在通过对高校学生教育与能力培养的深入研究，探索适应时代发展的高校教育模式和方法，为提升高校学生的综合素质和能力提供理论支持和实践指导。

笔者相信，通过本书研究的开展，不仅能够丰富高校教育与能力培养的理论体系,还能够为高校教育的实践创新提供有益的参考和借鉴。我们期待通过不懈地努力和探索,为培养更多优秀的高校人才、推动社会的持续进步和发展做出积极的贡献。

刘芳　徐佳欣　李钢

2024 年 3 月

目 录

第一章 绪 论 ………………………………………………………… 1
第一节 教育管理的定义与内涵 ………………………………… 1
第二节 教育管理的历史沿革 …………………………………… 8
第三节 教育管理的基本原则 …………………………………… 15
第四节 教育管理的目标与任务 ………………………………… 22
第五节 教育管理的理论体系 …………………………………… 29

第二章 高校学生特点分析 ………………………………………… 37
第一节 当代高校学生的群体特征 ……………………………… 37
第二节 学生思想动态与价值观念 ……………………………… 44
第三节 学生学习需求与动机 …………………………………… 52
第四节 学生社会实践与创新能力 ……………………………… 60
第五节 学生个性化发展策略 …………………………………… 66

第三章 高校学生自我意识教育 …………………………………… 75
第一节 自我意识认知 …………………………………………… 75
第二节 大学生自我意识的发展及其特征 ……………………… 79
第三节 大学生良好自我意识的培养方法 ……………………… 90

第四章 高校学生人格发展教育 …………………………………… 99
第一节 人格认知 ………………………………………………… 99
第二节 大学生人格心理的发展特征 …………………………… 101

第三节　大学生人格心理的辅导工作 ……………………………… 108

第五章　高校学生创新思维能力培养 ………………………………… 122
　　第一节　创新思维概述 …………………………………………… 122
　　第二节　创新思维的内在逻辑 …………………………………… 138
　　第三节　大学生创新思维的教育与培养 ………………………… 140

第六章　高校学生创新创业能力培养 ………………………………… 146
　　第一节　创业者素质认知 ………………………………………… 146
　　第二节　大学生创新创业能力的培养 …………………………… 163

参考文献 ………………………………………………………………… 175

第一章 绪　论

第一节　教育管理的定义与内涵

一、教育管理的基本概念与定义

（一）概述

教育管理是一个复杂而广泛的领域，它涉及教育机构的组织、规划、协调、控制和评价等方面。随着社会的不断发展和教育的日益普及，教育管理的重要性也日益凸显。下面将详细探讨教育管理的基本概念与定义，以期为读者提供一个清晰而全面的认识。

（二）教育管理的基本概念

教育管理，顾名思义，就是对教育活动进行管理的过程。它主要涉及对教育资源的配置、教育过程的组织、教育质量的监控以及教育效果的评估等方面。教育管理旨在通过科学的方法和手段，提高教育活动的效率和质量，实现教育目标。

（三）教育管理的定义

教育管理是一个多维度、多层次的概念，不同的学者和机构对其定义可能存在一定的差异。但总体来说，教育管理可以被定义为：通过计划、组织、指挥、协调和控制等手段，对教育资源进行合理配置，对教育过程进行有效组织，对教育质量进行严格控制，对教育效果进行科学评估，以实现教育目标的过程。

（四）教育管理的特点

系统性：教育管理是一个系统工程，它涉及教育活动的各方面和环节，需要从整体上进行规划和协调。

目标导向性：教育管理始终以实现教育目标为导向，所有的管理活动都应围绕这一目标展开。

科学性：教育管理需要运用科学的方法和手段，如管理学、心理学、教育学等学科知识，以及现代信息技术等手段，提高管理效率和质量。

创新性：教育管理需要不断适应时代的发展和教育的变革，不断创新管理理念和方法，以应对新的挑战和机遇。

（五）教育管理的主要任务

制定教育政策与规划：教育管理需要制定符合社会发展需要的教育政策和规划，为教育机构的发展提供指导和支持。

优化教育资源配置：教育管理需要对教育资源进行合理配置，确保教育活动的顺利进行和质量的提升。

建立与完善教育制度：教育管理需要建立和完善教育制度，为教育机构提供规范的管理依据和保障。

加强教育质量监控与评估：教育管理需要加强对教育质量的监控和评估，及时发现和解决问题，提高教育质量。

促进教育改革与发展：教育管理需要积极推动教育改革和发展，以适应时代的需求和社会的进步。

（六）教育管理的发展趋势

随着社会的不断发展和教育的日益普及，教育管理也呈现出一些新的发展趋势。首先，信息化、网络化成为教育管理的重要特征，现代信息技术在教育管理中的应用越来越广泛。其次，教育管理越来越注重人本理念，强调对人的尊重、关心和发展。再次，教育管理越来越注重国际化和全球化视野，积极借鉴国际先进的教育管理理念和方法。最后，教育管理越来越注重创新能力的培养和发挥，鼓励教师和学生在教育过程中不断创新和发展。

二、教育管理的学科属性与理论体系

（一）概述

教育管理作为一门独立的学科，具有其独特的学科属性和理论体系。随着教育事业的快速发展和教育改革的不断深入，教育管理的重要性日益凸显。下面将从学科属性和理论体系两方面对教育管理进行深入探讨，以期为教育管理的理论研究和实践应用提供有益的参考。

（二）教育管理的学科属性

教育管理学科具有显著的交叉性特点。它融合了教育学、管理学、心理学、社会学、经济学等多个学科的知识和方法，形成了独具特色的学科体系。这种交叉性使得教育管理学科能够借鉴其他学科的先进理念和方法，不断丰富和完善自身的理论体系和实践应用。

教育管理学科具有很强的应用性。它旨在解决教育实践中遇到的各种管理问题，提高教育活动的效率和质量。因此，教育管理学科的研究内容和方法都紧密围绕教育实践展开，注重理论与实践的结合。

教育管理学科具有鲜明的时代性。随着社会的不断发展和教育的不断变革，教育管理学科也需要不断适应新的时代需求和发展趋势。这就要求教育管理学科的研究者要具备敏锐的洞察力和前瞻性思维，及时关注教育领域的新动态和新问题，为教育管理实践提供有力的理论支持。

（三）教育管理的理论体系

教育管理的理论体系是指构成教育管理学科基本概念、基本原理和基本方法的总和。它是一个有机整体，涵盖了教育管理的各方面和多层次。

教育管理的基本概念体系包括教育管理的定义、性质、任务、功能等基本要素。这些概念是构建教育管理理论体系的基础，为后续的研究和实践提供了基本的指导。教育管理的基本原理体系是教育管理学科的核心内容。它包括教育管理的决策原理、组织原理、控制原理、评价原理等。这些原理揭示了教育管理活动的内在规律和运行机制，为教育管理实践提供了科学的指导。

教育管理的基本方法体系是教育管理学科的重要组成部分。它包括教育管理的计划方法、组织方法、指挥方法、协调方法和控制方法等。这些方法构成了教育管理实践的操作规范，有助于实现教育管理目标的有效达成。

（四）教育管理理论体系的发展

教育管理理论体系不是一成不变的，它随着教育实践的深入和学科研究的进步而不断发展完善。近年来，教育管理理论体系的发展呈现出以下几个趋势：

①多元化和综合化趋势。随着教育领域的多元化发展，教育管理理论体系也逐渐呈现出多元化和综合化的特点。不同流派和学派的理论观点相互交融，形成了丰富多彩的理论体系。同时，教育管理学科也积极借鉴其他学科的理论和方法，形成了跨学科的综合性研究趋势。

②人本化和人文化趋势。现代教育管理理念越来越强调人的因素和文化因素在教育管理中的重要性。因此，教育管理理论体系也更加注重人本化和人文化的研究。它关注教育管理者的素质和能力提升，关注教育组织文化的建设和传承，以及关注教育活动中人的主体性和创造性。

③信息化和智能化趋势。随着信息技术的快速发展和普及应用，教育管理理论体系也逐渐向信息化和智能化方向发展。信息技术在教育管理中的应用不仅提高了管理效率和质量，也为教育管理研究提供了新的方法和手段。同时，人工智能等前沿技术的应用也为教育管理带来了更多的可能性和挑战。

三、教育管理在现代社会中的角色与功能

（一）概述

教育管理作为现代社会的重要组成部分，其在教育领域乃至整个社会发展中扮演着举足轻重的角色。随着社会的快速进步和科技的不断革新，教育管理在现代社会中的功能和作用日益凸显。下面将从教育管理的角色与功能出发，深入探讨其在现代社会中的价值和意义。

（二）教育管理在现代社会中的角色

教育管理作为教育改革的重要推动力量，在现代社会中发挥着引领和推动的作用。通过对教育政策、教育制度、教育内容的深入研究和分析，教育管理能够准确把握教育发展的方向和目标，提出切实可行的改革方案，推动教育事业的持续健康发展。教育管理在现代社会中还扮演着协调和优化教育资源配置的角色。通过对教育资源的科学规划和合理配置，教育管理能够确保教育资源的充分利用和高效运转，提高教育质量和效益。同时，教育管理还能够促进教育公平，缩小教育差距，实现教育资源的均衡分布。

教育管理在现代社会中还承担着监督和保障教育质量的职责。通过对教育活动的全程监控和评估，教育管理能够及时发现和解决教育过程中存在的问题和不足，确保教育活动的顺利进行和教育目标的实现。同时，教育管理还能够通过制定和执行相关标准和规范，提高教育行业的整体水平和形象。

（三）教育管理在现代社会中的功能

教育管理通过制定和执行一系列教育法规和规章制度，为教育事业的规范化、制度化提供了有力保障。这些法规和制度不仅规范了教育活动的各个环节和流程，还明确了教育参与者的权利和义务，为教育事业的健康发展奠定了坚实基础。教育管理通过科学的方法和手段，对教育活动进行计划、组织、指挥、协调和控制，旨在提高教育效率和效益。通过优化教育资源配置、改进教学方法和手段、加强师资队伍建设等措施，教育管理能够有效提升教育质量，培养出更多优秀的人才，满足社会的需求。

在现代社会中，创新型人才是推动社会进步和发展的重要力量。教育管理通过营造良好的教育环境和氛围，激发学生的创新精神和实践能力，培养学生的综合素质和核心竞争力。同时，教育管理还注重与社会的对接和合作，为学生提供更多的实践机会和平台，帮助他们更好地适应社会的发展需求。教育管理作为教育事业的重要组成部分，其最终目标是服务于社会经济的发展。通过培养高素质的人才、推动科技创新和文化传承等方式，教育管理能够为社会提供强有力的智力支持和人才保障，促进社会的繁荣和发展。

（四）教育管理在现代社会中的挑战与机遇

随着社会的快速发展和教育的不断变革，教育管理在现代社会中面临着诸多挑战和机遇。一方面，教育管理的复杂性和艰巨性不断增加，需要不断提高管理水平和能力。另一方面，科技的进步和信息的爆炸为教育管理提供了更多的手段和方法，使教育管理更加高效、便捷和智能化。

面对挑战和机遇，教育管理需要不断创新和发展，以适应社会的变化和需求。具体而言，教育管理应加强对教育规律的研究和探索，提高教育决策的科学性和前瞻性；加强与其他领域的合作与交流，借鉴和吸收先进的管理理念和经验；加强信息化建设，推动教育管理的数字化、网络化和智能化；加强人才队伍建设，提高教育管理队伍的专业素质和创新能力。

第二节　教育管理的历史沿革

一、教育管理思想的演变与发展

（一）概述

教育管理思想作为指导教育实践活动的重要理论基础，随着时代的变迁和社会的发展而不断演变和发展。从传统的经验管理到现代的科学管理，再到后现代的人本管理，教育管理思想经历了从简单到复杂、从单一到多元、从封闭到开放的转变过程。下面将从不同历史阶段出发，探讨教育管理思想的演变与发展，以期为现代教育管理实践提供有益的参考。

（二）传统经验管理阶段

在教育管理的早期阶段，主要依赖于教育者的个人经验和直觉进行管理。这一阶段的教育管理思想较为简单，主要强调教育者的权威和经验，缺乏对教育规律和科学管理的认识。管理者往往凭借自己的经验和感觉来制定教育政策和措施，缺乏对实际情况的深入分析和科学评估。

然而，随着教育实践的深入和社会的发展，这种经验管理方式的弊端逐渐暴露出来。由于缺乏科学理论的指导，教育管理者在实践中往往缺乏预见性和创新性，难以应对复杂多变的教育环境。因此，教育管理思想需要向更加科学、系统的方向发展。

（三）科学管理阶段

随着工业革命的到来和科学技术的发展，科学管理理论逐渐兴起并应用于教育领域。科学管理强调对教育活动的理性分析和量化评估，注重通过科学的方法和手段来提高教育效率和质量。在这一阶段，教育管理思想开始注重对教育规律的探索和研究，通过制定标准化的教育流程和规范化的管理制度，提高教育活动的可预测性和可控性。同时，教育管理也开始注重数据的收集和分析，以便更好地了解教育现状和需求，为决策提供科学依据。

然而，科学管理也存在一定的局限性。它过于强调效率和标准化，忽略了人的主观能动性和创造性。在教育管理中，过度追求量化指标和标准化流程可能导致教育活动的机械化和僵化，不利于培养学生的创新精神和个性发展。

（四）人本管理阶段

随着后现代主义思潮的兴起和人本主义教育理念的普及，教育管理思想逐渐转向人本管理。人本管理强调以人为本，注重人的主体性和创造性在教育管理中的作用。

在这一阶段，教育管理思想开始关注教育参与者的需求和感受，尊重他们的个性和差异。管理者开始关注教育环境的营造和师生关系的建立，努力营造一个和谐、民主、开放的教育氛围。同时，教育管理也开始注重教育参与者的参与和合作，鼓励他们积极参与教育决策和实践活动，提高教育的民主性和实效性。

人本管理思想的出现，使得教育管理更加关注人的发展和成长，更加符合教育的本质和目的。然而，人本管理也面临着一些挑战和困难。如何在尊重人的主体性和创造性的同时，保持教育的规范性和效率性，是一个需要深入研究和探讨的问题。

(五)现代管理思想的融合与创新

随着社会的不断进步和教育的快速发展,现代教育管理思想逐渐呈现出融合与创新的趋势。一方面,传统经验管理、科学管理和人本管理等不同流派的思想在实践中相互借鉴和融合,形成了更加综合、多元的管理理论和方法。另一方面,随着信息技术的快速发展和普及应用,教育管理开始向数字化、网络化和智能化的方向发展。

现代管理思想的融合与创新为教育管理实践提供了更加广阔的空间和可能性。通过综合运用不同流派的思想和方法,教育管理者可以更加全面、深入地了解教育现状和需求,制定更加科学、有效的管理策略和措施。同时,借助信息技术手段,教育管理者可以更加便捷、高效地收集和分析数据,提高决策的准确性和及时性。

然而,现代管理思想的融合与创新也面临着一些挑战和问题。如何在融合不同流派思想的同时保持其独特性和针对性?如何充分利用信息技术手段提高管理效率和质量,同时避免其可能带来的负面影响?这些问题都需要我们在实践中不断探索和解决。

二、教育管理体制的变革与调整

(一)概述

教育管理体制是教育领域中一项至关重要的制度安排,它涉及教育活动的组织、协调、监督和管理等方面。随着社会的快速发展和教育的不断进步,教育管理体制也需要不断地进行变革与调整,以适应新的教育需求和社会环境。下面将从教育管理体制的变革背景、变革内容、变革意义以及面临的挑战与应对策略等方面展开探讨。

(二)教育管理体制变革的背景

随着社会经济的快速发展,教育作为培养人才、推动社会进步的重要基石,其地位和作用日益凸显,社会对教育的需求也呈现出多样化、个性化的特点,这就要求教育管理体制能够适应这种变化,提供更加灵活、高效的管理服务。教育改革是推动教育管理体制变革的重要动力。随着教育改革的深入推进,传统的教育管理体制已经难以适应新的教育理念和教学模式。因此,需要通过变革和调整来推动教育管理体制的创新与发展。

信息化技术的快速发展为教育管理体制的变革提供了有力的技术支持。通过运用信息技术手段,可以实现对教育资源的优化配置、对教育过程的实时监控以及对教育质量的科学评估,从而提高教育管理的效率和质量。

(三)教育管理体制变革的内容

教育管理体制的变革首先需要更新管理理念,树立以人为本、服务为先的管理理念。强调教育的公平性和普及性,注重学生的个体差异和全面发展,为学生提供更加优质的教育服务。优化管理结构是教育管理体制变革的重要内容。通过调整管理机构设置、明确管理职责和权限、加强部门之间的协调与配合等方式,构建更加高效、灵活的管理体系,提高管理效能。

管理手段的创新是教育管理体制变革的关键环节。借助信息化技术手段,实现教育管理的数字化、网络化和智能化,提高管理效率和精准度。同时,注重发挥市场机制的作用,引入社会力量参与教育管理,形成多元化、开放性的管理格局。

（四）教育管理体制变革的意义

通过优化管理结构、创新管理手段等方式，教育管理体制的变革能够提升教育资源的配置效率和使用效益，推动教育质量的提升。同时，变革后的管理体制更加注重学生的个体差异和全面发展，有利于培养学生的创新精神和实践能力。

教育管理体制的变革有助于促进教育公平。通过调整管理机构设置、加强部门之间的协调与配合等方式，可以消除教育管理中的壁垒和障碍，实现教育资源的均衡分布和优质教育资源的共享。这有助于缩小教育差距，让更多的孩子享受到优质的教育资源。

教育管理体制的变革能够激发教育活力。通过引入市场机制、发挥社会力量参与教育管理等方式，可以激发教育领域的竞争和创新活力，推动教育事业的持续健康发展。同时，变革后的管理体制更加注重教育的开放性和包容性，有利于吸引更多的优秀人才和优质资源投入教育事业。

（五）面临的挑战与应对策略

在教育管理体制变革的过程中，也面临着一些挑战。针对这些挑战，我们可以采取以下应对策略：一是加大政策引导和监管力度，确保政府在教育管理中的主导地位和市场机制的辅助作用得到有效发挥。二是加强教育管理的法治化建设，完善相关法律法规和制度规范，保障教育管理的公平性和效率性。三是加强信息化技术的安全管理和风险控制，确保教育管理系统的稳定和安全运行。四是加强国际合作与交流，借鉴和吸收国际先进的教育管理经验和做法，推动我国教育管理体制的创新与发展。

三、教育管理实践的历史经验与教训

（一）概述

教育管理实践是教育领域中的一项重要工作，它涉及教育资源的配置、教育活动的组织与实施、教育质量的监控与提升等方面。随着社会的变迁和教育的发展，教育管理实践也在不断地积累经验，吸取教训，逐步走向成熟和完善。下面将从历史的角度出发，探讨教育管理实践的历史经验与教训，以期为当前和未来的教育管理工作提供有益的借鉴和启示。

（二）教育管理实践的历史经验

历史经验表明，教育规划与政策制定是教育管理实践中的关键环节。通过制定科学、合理的教育规划，可以明确教育发展的方向和目标，为教育资源的配置和教育活动的组织提供指导。同时，政策制定也是推动教育改革和发展的重要手段，通过制定有针对性的政策措施，可以引导和激励教育工作者积极参与教育管理实践，推动教育事业的健康发展。

教育资源配置的公平性是教育管理实践中的重要原则。历史经验告诉我们，只有确保教育资源的公平分配，才能保障每个学生都能够享受到优质的教育资源，实现教育的公平和普及。因此，在教育管理实践中，需要注重教育资源的均衡配置，避免资源的浪费和过度集中，确保教育资源的公平性和有效性。

教育质量监控与评估是教育管理实践中的重要手段。通过对教育质量的定期监控和评估，可以及时发现和解决教育中存在的问题和不足，推动教育质量的持续提升。历史经验表明，只有建立科学、有效的教育质量监控与评估机制，才能确保教育质量的稳步提高。

（三）教育管理实践的教训

在教育管理实践中，有时会出现忽视教育管理的科学性的情况。一些管理者过于依赖经验和直觉进行管理决策，缺乏科学理论的指导，导致管理效果不佳。因此，我们需要加强对教育管理理论的学习和研究，运用科学的方法和技术进行教育管理实践，提高管理决策的准确性和有效性。

历史上也存在教育管理过于集中化的情况，即教育决策权过度集中在少数人或机构手中，缺乏民主参与和多元声音的反映。这种集中化的管理方式往往导致决策迟缓、信息不畅、创新受限等问题，影响了教育管理的效果和质量。因此，我们需要加强教育管理的民主化和多元化，鼓励各方参与教育决策和管理过程，促进信息的共享和沟通，激发创新活力。教师是教育管理实践中的重要力量，他们的专业素养和教学能力直接影响着教育质量。然而，在一些教育管理实践中，忽视了教师的专业发展，缺乏对教师成长的支持和激励。这导致教师的工作积极性和创新能力受到限制，影响了教育教学的效果。因此，我们需要重视教师的专业发展，为教师提供必要的培训和学习机会，激发他们的教学热情和创新能力，从而推动教育质量的提升。

（四）历史经验与教训对当前教育管理实践的启示

在教育管理实践中，我们需要坚持科学管理与民主决策相结合的原则，既要运用科学的方法和技术进行管理决策，确保决策的准确性和有效性，又要注重民主参与和多元声音的反映，激发各方的积极性和创造力。在教育资源配置方面，我们需要注重公平与效率的平衡，既要确保每个学生都能够享受到优质的教育资源，实现教育的公平和普及，又要注重资源的有效利用和节约，避免资源的浪费和过度集中。

为了不断提升教育质量，我们需要加强教育质量监控与评估机制建设。通过制定科学、合理的评估标准和指标体系，定期对教育质量进行监测和评估，同时，建立有效的反馈和改进机制，及时针对问题进行整改和优化。教师是教育管理实践中的核心力量，我们需要重视教师的专业发展与对教师的支持。通过提供必要的培训和学习机会，帮助教师不断提升专业素养和教学能力，同时，建立合理的激励机制和评价体系，激发教师的工作积极性和创新能力。

第三节　教育管理的基本原则

一、以人为本的原则

（一）概述

在教育管理实践中，以人为本的原则始终占据核心地位。这一原则强调以人的需求和发展为出发点，关注人的主体性、能动性和创造性，致力于实现人的全面发展。下面将围绕以人为本的原则，探讨其在教育管理实践中的应用与探索，以期推动教育管理工作的不断发展和完善。

（二）以人为本原则的内涵与意义

以人为本的原则是指在教育管理实践中，以人的全面发展为核心，尊重人的主体地位，关注人的需求和利益，发挥人的积极性和创造性，促进人的个性发展和潜能挖掘。这一原则体现了对人的尊重、关心和支持，是教育管理工作的基本出发点和落脚点。

在教育管理实践中，坚持以人为本的原则具有重要意义。首先，它有助于提升教育管理的质量和效益，使教育工作更加符合人的成长规律和发展需求。其次，以人为本的原则能够激发教育工作者的积极性和创造性，提高教育工作的效率和质量。最后，这一原则有助于培养学生的创新精神和实践能力，促进学生的全面发展。

（三）以人为本原则在教育管理实践中的应用

在教育管理实践中，尊重学生的主体地位是以人为本原则的重要体现。这要求我们在教育过程中，充分尊重学生的个性和差异，关注学生的需求和兴趣，为学生提供多样化的教育资源和个性化的教育服务。同时，我们还需鼓励学生积极参与教育活动，发挥他们的主体作用，培养他们的自主学习和自主管理能力。教师是教育管理实践中的重要力量，关注教师的专业发展是以人为本原则的重要方面。这要求我们在教育管理实践中，为教师提供必要的培训和学习机会，帮助教师不断提升专业素养和教学能力。同时，还需建立合理的激励机制和评价体系，激发教师的工作积极性和创新精神，使他们能够更好地为学生的成长和发展服务。

优化教育资源配置是以人为本原则在教育管理实践中的具体体现。这要求我们在资源配置过程中，充分考虑学生的需求和利益，确保每个学生都能够享受到优质的教育资源。同时，还需注重资源的公平分配和有效利用，避免资源的浪费和过度集中，为教育的可持续发展提供保障。

(四) 以人为本原则在教育管理实践中的挑战与应对策略

在教育管理实践中,贯彻以人为本的原则面临着以下挑战。首先,传统教育观念和管理模式的影响使得一些教育工作者难以真正理解和践行以人为本的原则。其次,教育资源的不均衡分布和有限性也制约了以人为本原则的落实。最后,社会环境的不断变化和教育需求的多样化也给教育管理实践带来了新的挑战。为了应对这些挑战,我们需要采取以下策略。首先,加强宣传教育,提高教育工作者对以人为本原则的认识和理解。通过举办培训班、研讨会等活动,引导教育工作者转变教育观念,树立以人为本的教育理念。其次,优化教育资源配置,确保每个学生都能够享受到优质的教育资源。通过加大投入、改善设施、提高师资水平等方式,提升教育资源的整体质量和效益。最后,创新教育管理模式和方法,探索更加符合学生需求和发展规律的管理模式和方法。例如,引入信息化技术手段,实现教育管理的数字化、网络化和智能化;开展个性化教育服务,满足学生的个性化需求和发展目标等。

(五) 以人为本原则在教育管理实践中的未来展望

展望未来,以人为本的原则在教育管理实践中将发挥更加重要的作用。随着社会的不断进步和教育事业的不断发展,人们对教育的需求和期望也在不断提高。因此,我们需要更加注重人的全面发展和个性化需求,不断优化教育资源配置和管理模式,提高教育管理的质量和效益。同时,我们还需要加强国际交流与合作,借鉴和吸收国际先进的教育管理理念和经验,推动我国教育管理实践的创新与发展。

二、依法治教的原则

（一）概述

依法治教是教育管理实践中的一项基本原则，它强调在教育领域中，法律应当成为管理教育活动、维护教育秩序、保障教育权益的根本依据。下面将从依法治教的原则出发，探讨其内涵、意义以及在教育管理实践中的应用，以期为我国教育事业的健康发展提供有益的参考。

（二）依法治教原则的内涵与意义

依法治教原则的内涵主要包括两方面：一是以法律为教育管理的根本依据，即教育管理的各项活动必须在法律框架内进行，不得违反法律法规的规定。二是保障教育主体的合法权益，即法律应当保护教育者、受教育者和教育机构的合法权益，维护教育公平和秩序。

依法治教原则在教育管理实践中具有重要的意义。首先，它有助于规范教育管理行为，防止权力的滥用和腐败现象的发生，提高教育管理的透明度和公信力。其次，依法治教能够保障教育主体的合法权益，维护教育公平和秩序，为教育事业的健康发展提供有力的法治保障。最后，依法治教原则还有助于推动教育领域的改革和创新，促进教育质量的提升和教育现代化的实现。

（三）依法治教原则在教育管理实践中的应用

依法治教原则的首要任务是加强教育法律法规的制定和完善。这需要立法机关根据教育发展的实际需要和社会变革的趋势，及时制定和修订相关法律法规，确保教育管理的各项活动都有明确的法律依据。同时，还需要加强法律法规的宣传和普及工作，提高教育工作者和广大公众的法律意识和法治观念。在教育管理实践中，必须依法规范教育管理行为。这包括教育行政部门的决策、执行和监督行为，以及学校和教育机构的内部管理行为。所有管理行为都应当遵循法律法规的规定，确保教育管理的合法性和合规性。同时，还需要建立健全的内部控制机制，防止权力滥用和腐败现象的发生。

依法治教原则的核心是保障教育主体的合法权益。在教育管理实践中，必须尊重和保护教育者、受教育者和教育机构的合法权益，包括教育权、受教育权、教学自主权等。对于侵犯教育主体合法权益的行为，应当依法予以制止和惩罚，维护教育公平和秩序。依法治教原则还需要推动教育领域的法治化进程。这包括加强教育法律法规的实施和监督工作，建立健全的法律援助和救济机制，为教育主体提供有效的法律保障。同时，还需要加强法治教育和培训工作，提高教育工作者的法治素养和依法执教能力。

（四）依法治教原则面临的挑战与应对策略

尽管依法治教原则在教育管理实践中得到了广泛应用，但仍面临一些挑战。首先，部分教育工作者对依法治教原则的理解不够深入，法治观念淡薄，导致在实际工作中难以有效贯彻这一原则。其次，教育法律法规体系尚不完善，存在一些空白和漏洞，为教育管理带来了一定的困难。此外，随着教育领域的不断发展和变革，新的法律问题不断涌现，需要不断更新和完善法律法规。为应对这些挑战，我们应采取以下策略：一是加强法治教育和培训工作，提高教育工作者的法治素养和依法执教能力。二是完善教育法律法规体系，及时制定和修订相关法律法规，填补空白、弥补漏洞。三是加强法律法规的宣传和普及工作，提高公众对依法治教原则的认识和理解。四是建立健全的法律监督和救济机制，确保依法治教原则得到有效实施和保障。

三、科学管理的原则

教育管理是一个涉及诸多方面的复杂系统，其核心目标是提高教育质量，培养出符合社会需求的人才。为实现这一目标，科学管理在教育管理中扮演着至关重要的角色。科学管理不仅有助于提高教育机构的运行效率，还能确保教育资源的合理分配和有效利用。

（一）明确的目标与计划

科学管理的首要原则是设定明确、具体、可衡量的目标与计划。在教育管理中，这意味着教育机构需要明确其教育目标，制订合理的教学计划，以及评估学生学业成果的标准。例如，一所学校可以设定提高学生综合素质的目标，并制订相应的教学计划，包括课程设置、教学方法、评估方式等。通过明确的目标与计划，学校能够有针对性地开展教育工作，提高教育质量。

（二）分工与专业化

科学管理强调分工与专业化，以提高工作效率。在教育管理中，这意味着要根据教师的专业特长和学生的兴趣需求，合理分配教学任务。例如，一位擅长数学教学的老师可以主要负责数学课程，而另一位擅长语文教学的老师则负责语文课程。这样不仅能充分发挥教师的专业优势，还能更好地满足学生的学习需求。同时，教育机构还可以设立专门的教研组，负责研究教学方法和教材，以提高教学效果。

（三）标准化与规范化

科学管理倡导标准化与规范化，以确保工作的稳定性和可持续性。在教育管理中，这意味着要建立一套完善的教育标准和规范，包括课程设置、教学大纲、教学方法、评估标准等。通过标准化与规范化，教育机构能够确保教育质量的稳定性和可持续性，降低教育过程中的随意性。例如，学校可以制定统一的教学大纲和评估标准，以便教师能够按照统一的要求进行教学和评估，从而提高教育质量的可比性。

（四）激励与约束并存

科学管理认为，激励与约束是推动工作发展的重要手段。在教育管理中，这意味着要建立合理的激励机制和约束机制，以激发教师的工作热情，同时确保他们遵守教育规范。例如，学校可以设立优秀教师奖，表彰在教学工作中取得优异成绩的教师，从而激励他们继续努力。同时，学校也要加强对教师的监督和管理，确保他们遵守教育法规和学校规章制度。

（五）持续改进与创新

科学管理强调持续改进与创新，以适应不断变化的环境和需求。在教育管理中，这意味着要密切关注教育发展的动态，及时调整教育策略和方法，以满足社会和学生发展的需求。例如，随着信息技术的快速发展，教育机构可以积极引入在线教育、虚拟实验室等创新教学方式，以提高教学效果和学生的学习兴趣。同时，学校还要定期评估教育质量，针对存在的问题进行改进，以实现教育质量的持续提升。

第四节 教育管理的目标与任务

一、教育管理的总体目标

（一）概述

教育管理是教育体系中不可或缺的一环，它涉及对教育资源、教育过程以及教育质量的全面规划和协调。教育管理的总体目标是确保教育体系的健康运行，提升教育质量，培养符合社会需求的优秀人才。下面将详细阐述教育管理的总体目标，并从多个角度探讨如何实现这些目标。

（二）教育管理总体目标的内涵

教育管理的首要目标是提高教育质量。这包括优化课程设置、提升教师素质、完善教学设施、加强教学评估等方面。通过科学的管理手段，确保教育资源的合理分配和有效利用，为学生提供优质的教育服务。教育管理应致力于培养具有创新精神和实践能力的人才。这要求教育体系不仅要传授知识，更要注重培养学生的思维能力、创新能力和解决问题的能力。通过实施创新教育、开展实践活动等方式，激发学生的创新潜能，为社会培养出更多优秀人才。

教育管理应努力实现教育公平，确保每个孩子都能享有平等的受教育机会。这包括优化教育资源配置、加强弱势群体教育保障、推动教育均衡发展等方面。通过制定和实施公平的教育政策，消除教育差距，让每个孩子都能在公平的教育环境中成长。在全球化的背景下，教育管理还应关注提升教育的国际竞争力。这要求教育体系与国际接轨，吸收和借鉴国际先进的教育理念和方法，培养具有国际视野和竞争力的人才。同时，加强国际交流与合作，推动教育领域的国际化发展。

（三）实现教育管理总体目标的策略与措施

建立健全教育法律法规体系，为教育管理提供有力的法律保障。通过制定和完善相关法律法规，明确教育管理的职责和权限，规范教育行为，确保教育管理的科学性和有效性。制定科学的教育发展规划和决策机制，明确教育发展的方向和目标。通过深入调研和分析，了解教育发展的现状和趋势，制定符合实际的教育政策，推动教育事业的持续发展。

合理配置教育资源，确保教育的均衡发展。加大对薄弱地区和学校的投入力度，改善教育设施条件，提高教师待遇，缩小教育差距。同时，加强教育资源的共享和整合，提高资源利用效率。积极推动教育改革与创新，提升教育质量和效益。深化课程改革和教学方法改革，注重培养学生的创新精神和实践能力。加强教师队伍建设，提高教师素质和教学水平。同时，鼓励和支持学校开展特色教育和实践活动，培养学生的综合素质。

建立健全教育评估和监督机制，对教育质量和教育管理进行定期评估和监督。通过制定科学的评估标准和指标体系，对教育过程和结果进行客观、公正地评价。同时，加强对教育管理工作的监督和检查，确保教育管理的规范性和有效性。

（四）教育管理总体目标实现的挑战与对策

在实现教育管理总体目标的过程中，我们面临着诸多挑战，如教育资源的不均衡、教育理念的滞后、教育体制的僵化等。政府应加大对教育事业的投入力度，制定更加优惠的教育政策，引导社会资源向教育领域倾斜。同时，加强政策宣传和解读工作，提高社会各界对教育事业的关注度和支持度。

积极推广先进的教育理念和方法，引导教育工作者转变教育观念，注重培养学生的综合素质和创新能力。同时，加强与国际先进教育体系的交流与合作，借鉴其成功经验，推动教育事业的国际化发展。针对现有教育体制中存在的问题和不足，进行深入地分析和研究，并制订切实可行的改革方案。通过优化教育结构、完善教育制度、创新教育方式等手段，推动教育体制的改革与创新。

二、教育管理的主要任务

教育管理作为教育事业发展的重要组成部分，其任务繁重且复杂。它涉及对教育资源的有效配置、教育过程的优化以及教育质量的提升等方面。下面将从多个维度探讨教育管理的主要任务，以期为教育管理工作提供有益的参考。

（一）规划教育资源与布局

教育管理的首要任务是规划教育资源的配置与布局。教育资源是教育事业发展的物质基础，其合理配置直接关系到教育质量的提升。教育管理部门需要根据教育发展的需求，科学规划学校布局、教育设施建设和教育经费投入等方面的工作。这包括确定学校的数量、规模和分布，优化教育设施的功能和布局，以及合理分配教育经费，确保教育资源的有效利用。

（二）制定教育政策与法规

教育管理的重要任务之一是制定教育政策与法规。教育政策与法规是教育事业发展的指导和保障，它们对于规范教育行为、促进教育公平和提高教育质量具有重要意义。教育管理部门需要深入研究教育发展的现状和问题,制定符合实际的教育政策与法规,明确教育发展的方向和目标。同时,还需要加强对教育政策与法规的宣传和实施,确保其得到有效执行。

(三)优化教育过程与管理

教育管理的核心任务是优化教育过程与管理。教育过程是教育活动的主体,其质量直接决定了教育成果的好坏。教育管理部门需要加强对教育过程的监督和管理,确保教育活动的规范性和有效性。这包括制订科学的教学计划、完善教学评估体系、加强教师队伍建设等方面。同时,还需要注重培养学生的创新精神和实践能力,为他们提供多样化的学习机会和发展空间。

(四)提升教育质量与水平

提升教育质量是教育管理的重要任务之一。教育质量是教育事业的生命线,它直接关系到学生的成长和未来。教育管理部门需要加强对教育质量的监测和评估,及时发现和解决教育过程中存在的问题。同时,还需要积极推动教育创新,引进先进的教育理念和方法,提高教育教学的水平和质量。此外,加强师生之间的交流与合作,营造积极向上的学习氛围,这些也是提升教育质量的重要途径。

(五)促进教育公平与均衡

促进教育公平与均衡是教育管理的重要任务。教育公平是社会公平的重要体现,它要求每个孩子都能享有平等的教育机会。教育管理部门需要关注弱势群体的教育需求,制定针对性的教育政策和措施,为他们提供更多的教育资源和支持。同时,还需要加强城乡、区域之间的教育均衡发展,缩小教育差距,让每个孩子都能在公平的教育环境中成长。

（六）加强国际合作与交流

在全球化的背景下，加强国际合作与交流成为教育管理的重要任务。通过与国际先进教育体系的交流与合作，可以引进先进的教育理念和方法，推动教育事业的国际化发展。同时，还可以借鉴其他国家的成功经验，优化教育资源配置和管理模式，提高教育质量和效益。因此，教育管理部门需要积极参与国际教育交流与合作活动，拓宽国际视野，提升教育管理的国际化水平。

（七）推进教育信息化与创新

教育管理还需要致力于推进教育信息化与创新。随着信息技术的快速发展，教育信息化已经成为教育现代化的重要标志。教育管理部门需要加强对信息技术在教育领域的应用和推广，提高教育教学的信息化水平。同时，还需要鼓励和支持教育创新，推动教育理念、教学方法和管理模式的创新，以适应时代发展的需要。

三、教育管理目标与任务的实现途径

教育管理目标与任务的实现是教育事业持续健康发展的关键所在。要有效地达成教育管理的目标并完成其任务，我们需要通过一系列切实可行的途径来实施。下面将从制定科学的教育管理策略、构建高效的教育管理体系、加强教师队伍建设、优化教育资源配置以及强化教育管理监督与评估等方面，探讨教育管理目标与任务的实现途径。

（一）制定科学的教育管理策略

制定科学的教育管理策略是实现教育管理目标与任务的基础。教育管理策略应紧密结合教育发展的实际，明确教育管理的指导思想、基本原则和目标任务。具体而言，应着重考虑以下三个方面。

首先，要深入分析当前教育管理的现状和问题，准确把握教育发展的趋势和需求。通过调研和数据分析，了解教育资源的配置情况、教育教学的现状以及师资队伍的建设情况等，为制定有针对性的管理策略提供依据。

其次，要明确教育管理的目标和任务。根据教育发展的总体要求，结合实际情况，制定具体、可操作的教育管理目标，如提高教育质量、促进教育公平、培养创新人才等。同时，明确各项任务的具体内容和要求，确保教育管理工作的有序开展。

最后，要制定切实可行的管理措施。针对教育管理中的重点、难点问题，提出具体的解决方案和措施，如加强教育信息化建设、优化教育资源配置、完善教育评估体系等。同时，要注重措施的可行性和可操作性，确保各项措施能够得到有效实施。

（二）构建高效的教育管理体系

构建高效的教育管理体系是实现教育管理目标与任务的重要保障。首先，要有明确的管理层次和职责分工。教育管理体系应建立清晰的管理层次，明确各级管理部门的职责和权限，形成科学的管理格局。同时，要注重各部门之间的协调与配合，确保教育管理工作的顺畅进行。其次，要有完善的管理制度和流程。建立健全教育管理的各项制度和流程，如教学管理、学生管理、教师管理等方面的制度，确保教育管理工作的规范化和制度化。同时，要注重制度的更新和完善，以适应教育发展的需求。最后，要注重信息化建设的推进。加强教育信息化建设，利用现代信息技术手段提高教育管理的效率和水平。通过建设教育管理信息系统、推广在线教育等方式，实现教育资源的共享和优化配置，提升教育管理的现代化水平。

（三）加强教师队伍建设

教师是教育工作的主体，加强教师队伍建设是实现教育管理目标与任务的关键。首先，要注重教师的专业素养提升。通过组织教师参加培训、进修等方式，提高教师的教育教学水平和专业素养。同时，鼓励教师开展教育研究和创新实践，提升教师的科研能力和创新能力。其次，要加强师德师风建设。引导教师树立正确的教育观念和职业道德观念，增强教师的责任感和使命感。通过表彰优秀教师、推广先进事迹等方式，激发教师的工作热情和积极性。最后，要优化教师资源配置。根据教育发展的需求，合理配置教师资源，确保每个学校都能拥有足够的优秀教师。同时，注重教师的流动和交流，促进教育资源的均衡分布。

（四）优化教育资源配置

优化教育资源配置是实现教育管理目标与任务的重要途径。首先，要合理配置教育经费。根据教育发展的需求和实际情况，科学制定教育经费预算，确保教育经费的充足和合理使用。同时，要加强对教育经费的监管和审计，防止教育经费的浪费和挪用。其次，要注重教育设施的建设和完善。加强学校基础设施建设，改善学校的教学环境和条件。同时，注重教育设施的更新和维护，确保教育设施的完好和安全。最后，要加强教育资源的共享和整合。通过建立教育资源共享平台、推广在线教育等方式，实现教育资源的共享和优化配置。同时，加强学校之间的合作与交流，促进教育资源的互补和共享。

(五)强化教育管理监督与评估

强化教育管理监督与评估是实现教育管理目标与任务的重要保障。首先，要建立健全教育管理监督机制。加强对教育管理工作的监督和检查，确保教育管理工作的规范性和有效性。同时，建立问责机制，对教育管理中的失职行为进行追责和处罚。其次，要注重教育管理的评估与反馈。定期对教育管理工作进行评估和反馈，了解教育管理工作的实际效果和存在的问题。通过评估结果的分析和研究，为改进教育管理工作提供依据和方向。最后，要加强社会监督与参与。鼓励社会各界参与教育管理的监督和评估工作，提高教育管理的透明度和公正性。同时，积极听取社会各界的意见和建议，为改进教育管理工作提供有益的参考。

第五节 教育管理的理论体系

一、教育管理的基本理论框架

教育管理作为教育学科的重要组成部分，旨在通过系统的理论和方法，实现教育资源的优化配置、教育过程的优化以及教育质量的提升。下面将从教育管理的基本概念、核心要素、基本原则以及理论模式等方面，构建教育管理的基本理论框架，以期为教育管理工作提供理论支撑和指导。

(一)教育管理的基本概念

教育管理是指对教育活动进行计划、组织、领导和控制的过程，旨在实现教育目标并提升教育质量。它涉及对教育资源的调配、教育过程的监控以及教育成果的评估等方面。教育管理不仅仅是对教育活动的管理，更是一种对教育理念和价值观的引领和实践。

（二）教育管理的核心要素

目标设定。教育管理的首要任务是设定明确、具体的教育目标。这些目标应该与教育使命和价值观相一致，并能够指导教育活动的开展。

组织结构。有效的教育管理需要建立清晰、高效的组织结构。这包括明确各级管理部门的职责和权限，形成科学的决策机制和执行体系。

资源配置。教育管理需要合理配置教育资源，包括教师、资金、设施等。资源的配置应根据教育目标的需求，确保资源的有效利用和最大化效益。

教育过程管理。教育管理要关注教育过程的质量和效果。这包括制订教学计划、监督教学过程、评估教学质量等方面，确保教育活动的规范性和有效性。

教育质量评估。教育管理需要建立科学、客观的教育质量评估体系。通过对教育成果的测量和分析，了解教育管理的实际效果，为改进管理提供依据。

（三）教育管理的基本原则

系统性原则。教育管理要从整体上把握教育活动，将其视为一个相互关联、相互作用的系统。在管理过程中，要注重系统内部的协调性和整体性，实现教育资源的优化配置。

以人为本原则。教育管理要尊重人的主体性和差异性，关注教师和学生的成长和发展。在管理过程中，要注重激发人的积极性和创造力，营造良好的教育环境。

科学性原则。教育管理要遵循教育规律和科学原理，运用科学的方法和手段进行管理。在决策过程中,要注重数据的收集和分析,确保决策的科学性和合理性。

民主性原则。教育管理要注重发扬民主精神,广泛听取各方面的意见和建议。在决策过程中,要尊重利益相关者的权益,实现教育管理的公开、公平和公正。

(四)教育管理的理论模式

行政管理模式。该模式强调教育管理的行政属性和权威性,注重规章制度的制定和执行。在行政管理模式下,教育管理者需要具备较高的权威性和决策能力,以确保教育活动的有序进行。

科学管理模式。科学管理模式以效率为核心,强调通过科学的方法和手段来优化教育管理过程。该模式注重数据分析和实证研究,追求管理的精确性和高效性。

人本管理模式。人本管理模式注重人的发展和需求,强调在教育管理中关注人的主体性和情感因素。该模式倡导建立和谐的人际关系,激发人的潜能和创造力,实现教育管理的人性化和民主化。

目标管理模式。目标管理模式以目标为导向,强调通过设定明确、具体的教育目标来指导教育管理活动。该模式注重目标的分解和落实,通过目标的达成来评价教育管理的效果。

(五)教育管理基本理论框架的应用

教育管理的基本理论框架为教育管理工作提供了系统的理论指导和实践指南。在实际应用中,教育管理者可以根据具体情况选择合适的理论模式和方法，结合教育目标和实际需求，制定有效的管理策略和措施。同时，还需要不断学习和更新教育管理理论，以适应教育事业的快速发展和变化。

二、教育管理理论的前沿动态与发展趋势

教育管理理论作为指导教育实践的重要基石，其前沿动态与发展趋势对于提升教育质量、优化教育资源配置以及推动教育创新具有重要意义。下面旨在探讨教育管理理论的前沿动态，分析其发展趋势，并展望未来的发展方向。

（一）教育管理理论的前沿动态

随着信息技术的迅猛发展，教育管理领域正经历着深刻的变革，信息化与数字化管理成为教育管理理论的前沿动态之一。通过运用大数据、云计算、人工智能等现代信息技术手段，教育管理者可以实现对教育资源的精准配置、教育过程的实时监控以及教育质量的科学评估。这种管理方式不仅提高了管理效率，还为教育决策提供了有力支持。

绩效管理与评价是教育管理理论关注的重点之一。传统的评价方式往往侧重于结果导向，而现代绩效管理则更加注重过程与结果的结合。通过构建科学的评价体系，对教育活动的全过程进行动态监控和评估，可以及时发现问题并采取有效措施加以改进。同时，绩效管理还强调激励与约束机制的结合，通过设立合理的奖惩机制，激发教育工作者的积极性和创造性。

教育治理与协同管理是教育管理理论的新兴领域。传统的教育管理往往侧重于学校内部的组织管理，而现代教育治理则更加注重政府、学校、社会等多元主体的共同参与和协同合作。通过构建多元共治的教育治理体系，可以实现教育资源的优化配置和共享，提升教育管理的效能和水平。

同时，协同管理还强调不同部门之间的沟通与协作，打破信息壁垒，形成合力，共同推动教育事业的发展。

（二）教育管理理论的发展趋势

随着全球化的深入发展，教育管理理论正逐渐呈现出国际化的发展趋势。越来越多的教育管理者开始关注国际先进的教育理念和管理模式，借鉴其成功经验，推动本国教育管理的创新与发展。同时，国际教育交流与合作也日益频繁，为教育管理理论的发展提供了更广阔的舞台和更丰富的资源。在尊重个体差异和多元发展的时代背景下，教育管理理论正逐渐走向个性化和差异化。教育管理者开始关注每个学生的独特需求和潜能，通过制订个性化的教育方案和管理措施，实现因材施教和精准育人。同时，学校之间的差异性和特色也逐渐得到重视和挖掘，通过差异化的管理策略，推动学校的特色发展和品牌建设。

随着教育管理实践的深入发展，对管理者的专业素养和管理能力提出了更高的要求。教育管理理论正逐渐走向专业化和精细化。一方面，教育管理者需要具备扎实的专业知识和丰富的实践经验，能够熟练运用各种管理工具和方法。另一方面，管理过程也需要更加精细和具体，注重细节和过程控制，确保管理目标的实现。

（三）教育管理理论的未来发展方向

未来教育管理理论的发展将更加注重理论与实践的结合。一方面，通过深入研究教育实践中的具体问题和挑战，提炼出更具针对性和可操作性的管理策略和方法。另一方面，将理论研究成果应用于实际管理工作中，检验其有效性和适用性，推动教育管理实践的持续改进和创新。教育管理论的发展需要借鉴和吸收其他学科的理论和方法。未来，将加强跨学科研究与合作，融合教育学、心理学、社会学、经济学等多个学科的知识和方法，形成综合性的教育管理理论体系。这将有助于更全面地理解教育管理的复杂性和多样性，提出更具创新性和实用性的管理策略。

面对快速变化的教育环境和挑战，教育管理理论需要不断创新和变革。未来，将积极探索新的管理理念、模式和工具，推动教育管理的现代化和智能化。同时，还将关注新兴教育领域和相关技术的发展趋势，如在线教育、虚拟现实等，为教育管理理论的发展注入新的活力和动力。

三、教育管理理论在教育实践中的应用

教育管理理论作为指导教育实践的重要工具，其在实际教育工作中的应用至关重要。教育管理理论的应用不仅有助于提升教育教学的效率和质量，还能促进教育资源的优化配置和学校的可持续发展。下面将详细探讨教育管理理论在教育实践中的应用及其重要性。

（一）教育管理理论在教育目标设定与实践中的应用

教育管理理论首先应用于教育目标的设定与实现过程中。在教育实践中，明确、具体的教育目标是教育活动的出发点和归宿。教育管理理论通过指导教育者对教育目标进行深入分析，确保目标的科学性、合理性和可行性。同时，理论还提供了目标分解、实施与监控的方法，帮助教育者将宏观的教育目标转化为具体的教学任务，确保教育目标的顺利实现。

（二）教育管理理论在教育资源管理中的应用

教育资源管理是教育管理理论的重要组成部分。在教育实践中，教育

资源的有限性使得如何合理配置和利用资源成为关键问题。教育管理理论通过提供资源规划、配置和评估的方法，帮助教育者对教育资源进行科学管理。例如，通过对师资、设施、资金等资源的合理配置，实现教育资源的利用最大化；通过对资源使用情况的评估，及时调整资源分配策略，确保教育活动的顺利进行。

（三）教育管理理论在教学过程管理中的应用

教学过程管理是教育管理理论在教育实践中的又一重要应用。教学过程是教育活动的核心环节，其质量直接影响教育目标的实现。教育管理理论通过提供教学计划制订、教学方法选择、教学评估与反馈等指导，帮助教育者优化教学过程。通过科学的教学计划，确保教学内容的系统性和连贯性；通过选择适合的教学方法，激发学生的学习兴趣和积极性；通过教学评估与反馈，及时调整教学策略，提升教学效果。

（四）教育管理理论在学校组织与文化建设中的应用

学校组织与文化建设是教育管理理论在教育实践中的又一重要应用领域。一个有效的学校组织结构和良好的校园文化对于提升学校整体教育质量具有重要意义。教育管理理论通过指导学校组织结构的构建、职责划分和沟通协调机制的建立，促进学校内部的和谐与高效运转。同时，理论还强调校园文化建设的重要性，通过营造积极向上的校园氛围，培育学生的良好品德和价值观。

（五）教育管理理论在教育改革与发展中的应用

面对教育改革与发展的挑战，教育管理理论发挥着至关重要的作用。教育改革需要科学的管理理念和方法来指导实践，确保改革的顺利进行。教育管理理论通过提供政策分析、策略制定和改革实施等方面的指导，帮助教育者把握改革方向，推动教育事业的持续发展。同时，理论还关注新兴教育技术和理念的发展趋势，为教育改革提供新的思路和方法。

（六）教育管理理论在教育实践中的挑战与应对策略

尽管教育管理理论在教育实践中具有广泛的应用价值，但在实际应用过程中也面临着一些挑战。例如，理论与实践的脱节、教育资源的不均衡、教育环境的复杂性等都可能影响教育管理理论的应用效果。为了应对这些挑战，教育者需要不断加强对教育管理理论的理解和应用能力，结合实际情况灵活运用理论知识。同时，政府和社会各界也应加强对教育管理的支持和投入，为教育管理理论的实践应用创造良好的环境。

第二章 高校学生特点分析

第一节 当代高校学生的群体特征

一、学生年龄、性别、地域等基本特征

在教育领域中，学生的基本特征对于教育管理者和教师来说具有极其重要的意义。这些特征不仅影响着学生的学习方式、兴趣爱好和学习成果，还直接关系到教育教学的策略制定和实施。下面将重点探讨学生的年龄、性别和地域等基本特征，并分析这些特征对教育教学的影响。

（一）学生年龄特征

学生的年龄是教育教学中不可忽视的因素。不同年龄阶段的学生在认知、情感、社交和身体发展等方面存在显著差异。

首先，在认知发展方面，随着年龄的增长，学生的认知能力逐渐提高。针对不同年龄段的学生，教育管理者和教师需要采用不同的教学方法和手段，以适应学生的认知发展水平。

其次，在情感发展方面，学生的情感表达和情感需求随年龄增长而发生变化。因此，教师在教育教学过程中需要关注学生的情感需求，建立和谐的师生关系，以促进学生的情感健康发展。

最后，学生的社交和身体发展也随年龄增长而发生变化。随着年龄的增长，学生的社交圈子逐渐扩大，社交能力不断提高。同时，学生的身体发育也呈现出不同的特点，如青春期的学生在身体发育方面会有明显的变化。因此，教师在教育教学中需要关注学生的社交和身体发展，为他们提供适宜的成长环境。

（二）学生性别特征

学生的性别特征也是影响教育教学的重要因素。男女学生在生理、心理和行为等方面存在明显的差异，这些差异在一定程度上影响着他们的学习方式和成果。

首先，在生理方面，男女生在身体发育、运动能力和生理需求等方面存在不同。因此，教师在体育课程中需要关注男女生的生理差异，为他们制订合适的运动计划和锻炼方式。其次，在心理方面，男女生在兴趣爱好、思维方式和情感表达等方面也存在差异。例如，男生通常对科学、技术等领域更感兴趣，而女生则更倾向于人文、艺术等领域。这些差异使得男女生在学习方式和需求上有所不同。因此，教师需要关注男女生的心理差异，因材施教，以满足他们的不同学习需求。最后，在行为方面，男女生在交往方式、竞争意识和自我表现等方面也存在差异。教师需要了解这些差异，以便更好地引导学生建立健康的人际关系，培养他们的团队合作精神和竞争意识。

（三）学生地域特征

学生的地域特征同样对教育教学产生着深远的影响。不同地域的学生在文化背景、生活习惯和教育资源等方面存在差异，这些差异使得他们在学习过程中表现出不同的特点和需求。

首先，在文化背景方面，不同地域的学生可能拥有不同的文化传统和价值观念。这些差异影响着学生的思维方式、行为习惯和价值观念。因此，教师需要尊重并理解学生的文化背景，以促进学生的文化认同和文化自信。其次，在生活习惯方面，不同地域的学生可能具有不同的生活习惯和饮食习惯。这些差异可能对学生的学习和生活产生一定影响。因此，教师在教育教学中需要关注学生的生活习惯，为他们提供适宜的学习和生活环境。此外，在教育资源方面，不同地域的学生可能面临不同的教育资源分配问题。一些地区可能拥有丰富的教育资源，而另一些地区则可能相对匮乏。这种差异可能导致学生在知识掌握、技能培养等方面存在差距。因此，政府和教育部门需要加大教育投入，优化教育资源分配，以缩小地域之间的教育差距。

（四）针对学生基本特征的教育教学策略

针对学生的年龄、性别和地域等基本特征，教育管理者和教师需要制定相应的教育教学策略，以更好地满足学生的学习需求。

首先，针对学生的年龄特征，教师需要采用符合学生认知发展规律的教学方法和手段，注重培养学生的自主学习能力和创新精神。同时，教师还需要关注学生的情感发展和社交需求，为他们提供温馨、和谐的成长环境。其次，针对学生的性别特征，教师需要因材施教，关注男女生的不同学习需求和兴趣特点。在教学过程中，教师可以适当引入性别平等教育，引导学生树立正确的性别观念，培养他们的自信心和自尊心。最后，针对学生的地域特征，教师需要尊重并理解学生的文化背景和生活习惯，促进文化多样性和交流融合。同时，政府和教育部门也需要关注地域之间的教育差距问题，加大教育投入和优化教育资源分配，为所有学生提供公平、优质的教育机会。

二、学生成长环境与社会背景的影响

学生的成长环境和社会背景对他们的学习、发展和未来成就具有深远的影响。这些外部因素不仅塑造了学生的个性特征，还影响了他们的价值观念、行为习惯和学习态度。因此，深入了解学生成长环境与社会背景的影响，对于教育管理者和教师来说至关重要。

（一）家庭环境对学生成长的影响

家庭环境是学生成长的首要环境，对学生的成长和发展起着至关重要的作用。

首先，家庭的经济状况会直接影响学生的教育资源和教育机会。家庭经济条件较好的学生通常能够获得更多的教育资源，如优质的教育机构、丰富的课外活动等，这有助于他们全面发展。相反，家庭经济条件较差的学生可能面临教育资源匮乏的问题，限制了他们的学习和发展。其次，家庭氛围和亲子关系对学生的心理健康和人格形成具有重要影响。一个温馨、和谐的家庭氛围有助于学生形成积极、健康的心理状态，有利于他们的学习和成长。而亲子关系的亲密程度也会影响学生的情感发展和社交能力。最后，父母的教育方式和期望也会影响学生的学习态度和行为习惯。父母的教育方式过于严厉或过于宽松都可能对学生的成长产生负面影响。而父母对学生的期望过高或过低，也可能导致学生的学习压力过大或缺乏动力。

（二）学校环境对学生成长的影响

学校是学生成长的重要场所，学校环境对学生的成长和发展同样具有重要影响。

首先，学校的师资力量和教学水平会直接影响学生的学习效果。优秀的教师能够激发学生的学习兴趣，引导他们掌握知识和技能，而教学水平低下的教师则可能阻碍学生的学习进步。其次，学校的文化氛围和规章制度也会影响学生的行为习惯和价值观念。一个积极向上、注重德育的学校的文化氛围有助于学生形成正确的价值观念和行为习惯。而严格的规章制度则能够规范学生的行为，维护学校的秩序。最后，学校的设施和资源也会影响学生的学习体验和发展机会。设施完善、资源丰富的学校能够为学生提供更多的学习和发展机会，有助于他们的全面发展。

（三）社会背景对学生成长的影响

社会背景是一个更广泛的概念，包括文化、经济、政治等方面，这些因素都会对学生的成长产生影响。

首先，社会文化对学生的价值观和行为模式具有塑造作用。不同文化背景下的学生可能会有不同的价值观念和行为方式。例如，在一些重视集体主义和传统文化的社会中，学生可能更加注重团队合作和尊重长辈；而在一些强调个人主义和创新的社会中，学生可能更加独立自主和富有创新精神。其次，社会经济状况也会影响学生的教育机会和未来发展。在一些经济发达的地区，学生通常能够享受到更好的教育资源和就业机会；而在一些经济落后的地区，学生可能面临教育资源匮乏和就业困难的问题。这种差异可能导致不同地区的学生在成长和发展上存在一定的差距。最后，社会政治环境也会对学生的成长产生影响。政治稳定、法制健全的社会环境能够为学生提供安全、和谐的学习和生活环境；而政治动荡、法治不彰的社会环境则可能给学生的成长带来不利影响。

（四）如何应对学生成长环境与社会背景的差异

面对学生成长环境与社会背景的差异，教育管理者和教师需要采取积极的措施来应对。

首先，学校应该提供平等的教育机会和资源，确保每个学生都能够获得优质的教育。政府和社会也应该加大对教育的投入，提高教育资源的分配效率，缩小地区之间的教育差距。其次，教师应该关注学生的个体差异，因材施教。根据学生的家庭背景、学习特点和兴趣爱好等因素，制订个性化的教学计划和策略，以更好地满足学生的学习需求。最后，学校和家庭应该加强沟通和合作，共同关注学生的成长和发展。学校和家庭应该建立良好的沟通机制，及时了解学生的学习和生活情况，共同制订教育方案，促进学生的全面发展。

三、学生群体特征与教育管理的关系

在教育领域，学生群体特征与教育管理之间存在着紧密的联系。学生群体特征是指学生在年龄、性别、地域、文化背景、学习风格、兴趣爱好等方面所展现出的共性特点。这些特点不仅影响着学生的学习过程，还直接决定了教育管理的策略和方法。因此，深入了解学生群体特征，对于优化教育管理、提升教育质量具有重要意义。

（一）学生群体特征对教育管理的挑战

学生群体特征的多样性给教育管理带来了诸多挑战。不同年龄段的学生在认知、情感、社交等方面存在差异，这要求教育管理者要针对不同年龄段的学生制定相应的教学策略和管理制度。同时，性别差异也会导致学生在学习方式、兴趣爱好等方面有所不同，教育管理者需要关注性别平等，避免性别偏见和刻板印象。此外，地域和文化背景的差异也会对学生的价值观、行为习惯产生影响，教育管理者需要尊重并理解这些差异，同时为学生提供具有包容性的教育环境。

（二）教育管理对学生群体特征的适应与引导

面对学生群体特征的多样性，教育管理需要采取适应性的策略。首先，教育管理者应该通过调查和研究，深入了解学生群体的特征，为制定有针对性的教育政策提供依据。其次，在教学过程中，教育管理者应该根据学生的年龄、性别、学习风格等特点，采用灵活多样的教学方法和手段，激发学生的学习兴趣和积极性。最后，教育管理者还应该关注学生的兴趣爱好和特长，为他们提供丰富多样的课外活动和发展机会，促进学生的全面发展。

除了适应学生群体特征外，教育管理者还应该发挥引导作用。通过制定明确的教育目标和要求，引导学生树立正确的价值观和行为规范。同时，教育管理者还应该加强对学生的思想教育和心理辅导，帮助他们解决成长过程中的困惑和问题，培养他们的自信心和责任感。

（三）优化教育管理与提升学生群体发展

优化教育管理对于提升学生群体发展至关重要。首先，教育管理者应该关注教育资源的合理配置和有效利用。通过加大投入、改善设施、提高教师素质等方式，为学生提供更好的学习条件和发展空间。其次，教育管理者还应该加强学校与家庭、社会的联系和合作，形成教育合力，共同促进学生的健康成长。

在提升学生群体发展方面，教育管理者还需要注重培养学生的创新精神和实践能力。通过开展创新教育、实践教育等活动，激发学生的创新思维和实践能力，培养他们的综合素质和竞争力。同时，教育管理者还应该关注学生的心理健康和个性发展，为他们提供个性化的教育服务和支持，帮助他们实现自我价值和社会价值。

（四）案例分析：成功适应学生群体特征的教育管理实践

为了更具体地阐述学生群体特征与教育管理的关系，我们可以结合一些成功的实践案例进行分析。例如，某中学针对学生的年龄和性别特征，开设了不同层次的课程和兴趣小组，满足了不同学生的需求。同时，学校还加强了对学生的心理辅导和思想教育，帮助学生解决成长过程中的问题，提升了学生的综合素质。这些实践案例表明，通过深入了解学生群体特征并采取相应的教育管理策略，可以有效地促进学生的发展和成长。

（五）未来展望：构建以学生为中心的教育管理体系

随着教育改革的不断深入和学生需求的不断变化，构建以学生为中心的教育管理体系成为未来的发展趋势。这一体系将更加注重学生的个体差异和需求，提供更加灵活多样的教育服务。同时，教育管理者还需要不断学习和更新教育理念和方法，以适应不断变化的学生群体特征和社会需求。

第二节 学生思想动态与价值观念

一、学生思想动态的变化趋势

随着时代的进步和社会的发展，学生思想动态也在不断变化。这些变化既受到外部环境的影响，也与学生的个人成长经历、教育背景等因素密切相关。下面将从多个维度探讨学生思想动态的变化趋势，以期为教育工作者提供有益的参考。

（一）价值观念的多元化

随着社会多元化的发展，学生的价值观念也日益多元化。传统的价值观念，如集体主义、爱国主义等，仍然在学生心目中占据重要地位，但同时，个人主义、功利主义等价值观念也逐渐显现。这种多元化的价值观念使学生在面对社会问题时，能够从不同的角度进行思考，但同时也可能导致他们在价值选择上产生困惑和迷茫。

（二）自我意识的增强

随着信息时代的到来，学生获取信息的渠道更加广泛，他们的自我意识也逐渐增强。他们更加关注自己的内心世界，追求自我价值的实现。同时，他们也更加重视个人权利和自由，对于不合理的规定和限制容易产生反抗情绪。这种自我意识的增强使学生更加注重个人成长和发展，但同时也可能导致他们在集体生活中缺乏合作精神。

（三）社会责任感的淡化

在快节奏、高压力的生活环境下，一些学生可能过于关注个人利益，忽视了社会责任。他们可能对于社会热点问题缺乏关注，对于社会公益事业缺乏参与热情。这种社会责任感的淡化不仅会影响学生的个人成长，也会对社会的和谐稳定产生不利影响。

（四）心理健康问题的凸显

随着学业压力、人际关系压力等多种压力的增加，学生的心理健康问题日益凸显。一些学生可能出现焦虑、抑郁等心理问题，影响他们的学习和生活。这种心理健康问题的凸显需要教育工作者给予更多的关注和支持，帮助学生建立积极健康的心态。

（五）创新意识的提升

在知识经济时代，创新意识和创新能力成为学生发展的重要素质。随着教育的改革和创新氛围的营造，学生的创新意识逐渐提升。他们更加愿意尝试新的想法和方法，勇于挑战传统观念，追求创新和突破。这种创新意识的提升有助于培养学生的创造力和创新精神，为未来的社会发展注入新的活力。

（六）网络依赖的加剧

随着互联网的普及和发展，学生与网络的关系越来越密切。虽然网络为学生提供了便捷的信息获取和交流平台，但也容易导致他们对网络的过度依赖。一些学生可能沉迷于网络游戏、社交媒体等虚拟世界，忽视了现实生活的重要性和价值。这种网络依赖的加剧不仅可能影响学生的学习成绩和身体健康，还可能对他们的心理健康产生负面影响。

针对以上学生思想动态的变化趋势，教育工作者应采取积极有效的措施加以应对。首先，要加强价值观教育，引导学生树立正确的价值观念，增强他们的社会责任感和集体意识。其次，要关注学生的心理健康问题，提供必要的心理支持和辅导，帮助他们建立积极健康的心态。再次，还要注重培养学生的创新意识和创新能力，为他们提供多样化的学习和发展机会。最后，还要加强网络素养教育，引导学生正确使用网络，避免网络依赖和沉迷。

二、学生价值观念的形成与演变

学生价值观念的形成与演变是一个复杂而动态的过程，它受到多方面因素的影响，包括家庭背景、教育环境、社会文化和个人经历等。在这个过程中，学生逐渐形成了自己的价值判断标准和行为准则，这些价值观念将伴随他们一生，并对他们的思想、行为和生活产生深远的影响。

（一）家庭背景对学生价值观念的影响

家庭是学生价值观念形成的重要场所。父母的教育方式、家庭氛围以及家庭经济状况等因素都会对学生的价值观念产生深远的影响。例如，父母的教育方式若以鼓励和支持为主，学生往往能够形成积极向上的价值观念；而家庭氛围的和谐与否则直接关系到学生的人际交往能力和情感认知的发展。

（二）教育环境对学生价值观念的影响

学校作为学生接受教育的主要场所，其教育环境对学生价值观念的形成具有至关重要的作用。学校的课程设置、教学方式、师生关系以及校园文化等都会对学生的价值观念产生影响。例如，学校若注重德育教育，强调品德修养和社会责任感，学生往往能够形成正确的价值观念；而教师的言传身教和榜样作用则能够潜移默化地影响学生的价值判断和行为习惯。

（三）社会文化对学生价值观念的影响

社会文化是学生价值观念形成的重要背景。随着社会的发展和变迁，社会文化也在不断地演变和更新。这些变化不仅反映了社会的进步和发展，也对学生的价值观念产生了深刻的影响。例如，随着科技的发展和互联网的普及，学生的信息获取渠道更加广泛，他们更容易接触到多元化的价值观念和文化元素。这些新的文化元素和价值观念在一定程度上冲击了传统的价值观念，使学生面临着更多的选择和挑战。

（四）个人经历对学生价值观念的影响

个人经历是学生价值观念形成的关键因素。学生的成长过程中会遇到各种各样的人和事，这些经历会对他们的价值观念产生深远的影响。例如，一次成功的经历可能会让学生更加自信和乐观，形成积极向上的价值观念；而一次失败的经历则可能会让学生更加谨慎和谦虚，形成稳健踏实的价值观念。

在学生价值观念的形成过程中，这些因素并不是孤立的，而是相互作用、相互影响的。它们共同构成了一个复杂而多元的价值观念形成环境，学生在这个环境中逐渐形成了自己的价值观念。

然而，价值观念并不是一成不变的。随着时间的推移和环境的改变，学生的价值观念也会发生演变。这种演变既可能是渐进的、细微的，也可能是突然的、剧烈的。它受到学生个人成长经历、社会变迁等多种因素的影响。

例如，随着学生年龄的增长和认知能力的提高，他们可能会对某些价值观念进行重新审视和调整，可能会更加关注自我实现和个人价值，或者更加关注社会公正和公共利益。同时，社会的变迁和科技的进步也会对学生的价值观念产生影响。新的社会现象和文化元素可能会带来新的价值观念，而学生也可能会根据自己的实际情况和需要进行相应的调整和改变。

在这个过程中，学生需要不断地思考、探索和实践，才能形成更加成熟、稳定的价值观念。同时，教育工作者和社会各界也应该关注学生的价值观念演变，为他们提供必要的引导和支持，帮助他们树立正确的价值观念，为他们的未来发展奠定坚实的基础。

（五）教育引导在学生价值观念形成与演变中的作用

面对学生价值观念的形成与演变，教育引导起着至关重要的作用。首先，教育者应当注重培养学生的批判性思维，使他们能够独立思考、辨别真伪，不被表面的现象所迷惑。通过引导学生对各种价值观念进行深入地剖析和比较，帮助他们形成自己的价值判断标准。

其次，教育者要关注学生的情感需求，尊重他们的个性差异。在教育中，要关注学生的情感体验，理解他们的情感变化，通过情感交流引导学生形成积极健康的情感价值观。同时，要尊重学生的个性差异，鼓励他们发挥自己的特长和优势，形成具有个人特色的价值观念。

最后，教育者还应积极营造良好的校园文化氛围，为学生提供健康向上的成长环境。通过举办各种文化活动和社会实践活动，让学生在实践中体验价值观念的内涵和意义，增强他们的社会责任感和历史使命感。

三、学生思想动态与价值观念对教育管理的启示

学生思想动态与价值观念作为影响教育管理的重要因素，对于教育工作的顺利进行和学生的发展具有深远的影响。在当前社会背景下，学生思想动态与价值观念呈现出多元化的特点，给教育管理带来了新的挑战和机遇。因此，深入探究学生思想动态与价值观念对教育管理的启示，对于提升教育管理水平、促进学生全面发展具有重要意义。

（一）学生思想动态与价值观念的多元化趋势

随着社会的发展和时代的进步，学生思想动态与价值观念呈现出多元化的趋势。这一趋势主要表现在以下方面：

首先，学生思想更加开放和自由。在互联网的普及和信息技术的快速发展下，学生获取信息的渠道更加广泛，思想也更加开放。他们愿意尝试新的事物，接受不同的观点，对于传统观念和价值观念持有一种批判性的态度。其次，学生价值观念更加多元化。在多元化的社会背景下，学生的价值观念不再单一，而是呈现出多元化的特点。他们既关注个人发展，也关注社会进步；既追求物质享受，也追求精神满足。这种多元化的价值观念反映了学生对于个人和社会的全面认识。最后，学生思想动态更加活跃。在当前社会背景下，学生面临着更多的选择和挑战，他们的思想动态也更加活跃。他们愿意表达自己的观点和想法，对于社会热点问题和教育改革持有一种积极的态度。

（二）学生思想动态与价值观念对教育管理的挑战

学生思想动态与价值观念的多元化趋势给教育管理带来了新的挑战。这些挑战主要表现在以下方面：

首先，教育管理者需要适应学生思想动态的变化。学生思想的活跃和开放使得他们更加愿意表达自己的观点和想法，这对于教育管理者来说意味着需要更加关注学生的思想动态，及时了解他们的需求和想法，以便更好地进行教育管理和引导。其次，教育管理者需要尊重学生的价值观念差异。学生价值观念的多元化使得他们之间的观念差异更加明显。教育管理者需要尊重这些差异，避免用统一的标准去衡量和评价学生，而是应该根据每个学生的特点和需求进行个性化的教育和管理。最后，教育管理者需要应对学生思想动态中的不稳定因素。学生思想动态的活跃和变化使得其中存在一些不稳定因素，如极端思想、叛逆行为等。教育管理者需要密切关注这些不稳定因素，及时采取措施进行干预和引导，防止其对学生造成不良影响。

（三）学生思想动态与价值观念对教育管理的启示

面对学生思想动态与价值观念的多元化趋势和挑战，教育管理可以从以下方面获得启示。

首先，注重培养学生的独立思考能力。学生思想的活跃和开放使得他们更加愿意独立思考和表达自己的观点。教育管理者应该鼓励学生进行独立思考，培养他们的批判性思维和创新精神，以便更好地适应未来社会的发展。其次，关注学生的情感需求和心理健康。学生价值观念的多元化使得他们面临着更多的选择和挑战，也更容易产生情感波动和心理问题。教育管理者应该关注学生的情感需求和心理健康，提供必要的支持和帮助，帮助学生培养积极健康的心态。再次，加强与学生的沟通和互动。学生思想动态与价值观念的变化使得他们更加需要与教育管理者进行沟通和互动。教育管理者应该主动与学生建立良好的沟通渠道和互动机制，及时了解学生的需求和想法，以便更好地进行教育管理和引导。最后，创新教育管理方法和手段。面对学生思想动态与价值观念的变化和挑战，教育管理者需要不断创新教育管理方法和手段，以适应新的教育环境和学生需求。例如，可以利用互联网和信息技术手段进行远程教育和在线管理，提高教育管理的效率和效果。

第三节 学生学习需求与动机

一、学生学习需求的特点与分类

在教育领域，学生学习需求是一个至关重要的概念，它直接关系到教学质量、学习成果以及学生的全面发展。理解学生学习需求的特点并进行科学分类，对于教师制订教学计划、优化教学方法以及提升学生学习效果具有重要意义。下面将深入探讨学生学习需求的特点，并进行详细分类，以期对教育实践提供有益的参考。

（一）学生学习需求的特点

学生学习需求是指学生在学习过程中所产生的各种需求和期望，它具有以下显著特点。

多样性。学生的学习需求因个体差异而异，不同学生有着不同的学习背景、兴趣爱好和学习目标。因此，他们的学习需求在内容、形式和方法上表现出多样性。例如，有的学生可能更关注基础知识的学习，而有的学生则更注重实践能力和创新思维的培养。

动态性。学生的学习需求随着学习阶段的推进而发生变化。在不同的学习阶段，学生的认知水平、知识储备和能力发展都会有所不同，因此他们的学习需求也会相应调整。这要求教师在教学过程中要关注学生的成长变化，及时调整教学策略以满足学生不断变化的需求。

层次性。学生的学习需求具有层次性，包括基础需求、发展需求和高级需求。基础需求主要是对基本知识和技能的掌握；发展需求是在掌握基础知识的基础上，进一步拓展知识和技能，提高解决问题的能力；高级需求则涉及创新思维、批判性思维等高级认知能力的培养。教师在教学过程中应根据学生的实际情况，有针对性地满足不同层次的需求。

（二）学生学习需求的分类

根据学生学习需求的不同特点和目标，可以将其分为以下五类。

知识需求。知识需求是学生学习需求的基础，包括对基本概念、原理、事实和方法的掌握。学生需要通过学习获取知识，建立完整的知识体系，为后续的学习和发展奠定基础。

技能需求。技能需求是学生在学习过程中需要掌握的各种技能，如阅读、写作、计算、实验、沟通等。这些技能是学生在日常生活中和未来职业生涯中必不可少的，因此教师需要注重培养学生的实践能力和动手能力。

情感需求。学生在学习过程中不仅有知识和技能的需求，还有情感上的需求。他们渴望得到教师的关注和认可，希望在学习中获得成就感和自信心。因此，教师在教学过程中应关注学生的情感变化，及时给予鼓励和支持，帮助学生建立积极的学习态度和价值观。

自我发展需求。随着学生认知水平的提高和成长阶段的推进，他们逐渐开始关注自我发展和未来规划。这包括对兴趣爱好、职业倾向、人生价值等方面的探索和思考。教师应引导学生树立正确的职业观和人生观，帮助他们明确自己的发展方向和目标。

社会适应需求。学生作为社会的一员，还需要具备适应社会的能力。这包括了解社会规则、参与社会活动、与他人合作等方面的能力。教师在教学过程中应注重培养学生的社会责任感和团队合作精神，帮助他们更好地融入社会。

（三）满足学生学习需求的策略

针对学生学习需求的特点和分类，教师可以采取以下策略来满足学生的需求。

个性化教学。针对学生的个体差异和学习需求多样性，教师应实施个性化教学，根据学生的实际情况制订个性化的教学计划和方法，以满足不同学生的需求。

动态调整教学策略。教师应关注学生的学习进展和变化，及时调整教学策略和方法，以适应学生不断变化的需求。这要求教师要具备敏锐的观察力和灵活的教学能力。

多元化评价方式。为了更全面地了解学生的学习需求和学习成果，教师应采用多元化的评价方式，包括自我评价、同伴评价、教师评价等多种方式，以便更准确地评估学生的学习情况和需求。

激发学生的主动性和创造性。教师应通过激发学生的学习兴趣和动力，鼓励他们主动参与学习活动，培养他们的创新精神和创造力。这可以通过设计有趣的学习任务、开展实践活动、组织小组讨论等方式实现。

二、学生学习动机的激发与培养

学习动机是指个体在学习活动中产生的，能激发、维持学习行为，并导向一定学习目标的内部心理状态或内部动力。它是学习行为的重要驱动力，对学生学习效果和全面发展具有深远的影响。因此，激发与培养学生的学习动机是教育工作者的重要任务之一。

(一)明确学习目标，树立学习信心

明确的学习目标是激发学生学习动机的关键。学生需要清楚地知道自己为什么要学习，以及学习后能够达到什么样的成果。教师应该帮助学生设定具体、可衡量、可实现、有意义的学习目标，并引导他们制订学习计划，便于逐步实现这些目标。同时，教师还要关注学生的学习进展，及时给予反馈和鼓励，让学生感受到自己的进步和成就，从而树立学习信心。

(二)创设良好学习环境，激发学习兴趣

良好的学习环境是激发学生学习动机的基础。教师应该营造一个积极、和谐、富有挑战性的学习氛围，让学生感受到学习的乐趣和价值。这包括提供丰富的学习资源、组织多样化的学习活动、引入生动有趣的教学案例等。此外，教师还可以利用现代教育技术，如多媒体教学、网络学习平台等，提高教学的趣味性和互动性，进一步激发学生的学习兴趣。

(三)关注个体差异，实施个性化教学

学生之间存在个体差异，他们的学习需求和兴趣也各不相同。因此，教师应该关注每个学生的特点，实施个性化教学，以满足不同学生的学习需求。这包括针对不同学生的学习水平和兴趣特点，设计不同的教学方案、布置不同的作业任务、提供不同的学习资源等。通过个性化教学，教师可以更好地激发学生的学习动机，提高他们的学习效果。

(四)培养自主学习能力，增强学习动力

自主学习能力是学生持续学习和发展的基础。教师应该注重培养学生的自主学习能力，让他们学会如何独立地获取信息、分析问题、解决问题。

这可以通过引导学生制订学习计划、自主选择学习内容、开展探究式学习等方式实现。同时，教师还要教会学生如何评估自己的学习成果，如何调整学习策略，以便更好地适应不同的学习情境。通过培养自主学习能力，学生可以逐渐增强自己的学习动力，形成自我驱动的学习模式。

（五）实施有效的评价与反馈机制

评价与反馈是激发学生学习动机的重要手段。教师应该实施有效的评价与反馈机制，让学生及时了解自己的学习状况，发现自己的不足和进步。评价应该具有针对性、公正性和及时性，既要关注学生的学习成果，也要关注他们的学习过程和学习态度。同时，教师还要根据学生的实际情况，给予具体的指导和建议，帮助他们改进学习方法，提高学习效率。通过有效的评价与反馈，学生可以更好地认识自己，明确自己的学习目标和方向，从而激发更强的学习动机。

（六）树立榜样，发挥榜样的激励作用

榜样的力量是无穷的。教师可以通过树立学习榜样，激发学生的学习动机。这些榜样可以是优秀的学生代表，也可以是具有卓越成就的杰出人物。教师可以引导学生了解这些榜样的成长历程、学习方法和成功经验，让他们感受到成功的可能性和努力的价值。同时，教师还要鼓励学生向榜样看齐，努力提升自己的学习能力和综合素质。

（七）加强家校合作，共同促进学生学习动机的激发与培养

家庭教育是学生学习动机培养的重要环节。教师应该与家长保持密切联系，共同关注学生的学习情况和成长发展。通过定期的家访、家长会等

方式，教师可以向家长反馈学生的学习进步和存在的问题，引导家长正确理解和支持孩子的学习需求。同时，教师还可以与家长共同探讨如何激发和培养孩子的学习动机，形成家校合力，共同促进学生的全面发展。

三、学生学习需求与动机对教育管理的挑战与应对

在当今教育领域中，学生学习需求与动机已成为教育管理工作不可忽视的重要因素。随着社会的快速发展和教育改革的深入推进，学生的学习需求呈现出多样化和个性化的特点，而学习动机则直接关系到学生的学习效果和成长发展。因此，教育管理者需要认真面对学生学习需求与动机所带来的挑战，并采取有效的应对措施，以促进教育教学的持续改进和学生全面发展。

（一）学生学习需求与动机对教育管理的挑战

需求多样化与个性化：学生的学习需求因个体差异而异，不同的学生有着不同的兴趣、能力和学习期望。这要求教育管理者在课程设置、教学方法、学习资源等方面提供多样化的选择，以满足不同学生的需求。然而，在实际操作中，如何准确把握每个学生的需求，并为其提供个性化的教育服务，是教育管理者面临的一大挑战。

动机复杂性与变化性：学生的学习动机受多种因素影响，包括个人兴趣、家庭期望、社会环境等。这些因素随着时间和情境的变化而发生变化，导致学生的学习动机具有复杂性和变化性。教育管理者需要深入了解学生的动机特点，并采取针对性的措施来激发和维持学生的学习动机。然而，如何准确识别学生的动机状态，并制定相应的激励策略，是教育管理者需要解决的难题。

教育资源有限性：在教育实践中，教育资源的有限性是一个普遍存在的问题。面对多样化的学习需求和复杂的学习动机，教育管理者需要在有限的资源条件下进行合理地配置和利用。如何在有限的资源条件下满足学生的学习需求，并激发他们的学习动机，是教育管理者需要认真思考的问题。

（二）教育管理应对学生学习需求与动机的策略

加强需求调研与分析：为了更好地满足学生的学习需求，教育管理者应加强对学生需求的调研与分析工作。通过问卷调查、访谈等方式收集学生的意见和建议，了解他们的学习期望和需求特点。同时，结合教育教学实际情况，对学生的学习需求进行深入分析，为制订个性化的教育方案提供依据。

提供多样化与个性化的教育服务：针对学生的学习需求多样化与个性化的特点，教育管理者应努力提供多样化与个性化的教育服务。在课程设置方面，应根据学生的兴趣和需求设置多样化的课程，满足不同领域的学习需求。在教学方法上，应采用灵活多样的教学方式，如项目式学习、合作学习等，以激发学生的学习兴趣和主动性。此外，还应提供丰富的学习资源，包括图书、网络资源等，以增强学生的自主学习和探究能力。

激发与维持学生的学习动机：为了激发和维持学生的学习动机，教育管理者应采取一系列措施。首先，通过设定明确的学习目标和奖励机制，让学生感受到学习成果的价值和成就感。其次，营造积极向上的学习氛围，鼓励学生之间的合作与竞争，激发他们的学习热情和积极性。此外，还应关注学生的情感需求，给予他们足够的关爱和支持，帮助他们建立积极的学习态度和自信心。

合理配置与利用教育资源：在有限的资源条件下，教育管理者应合理配置与利用教育资源。通过优化教育资源配置，提高资源利用效率，确保学生能够在有限的资源条件下获得高质量的教育服务。同时，积极寻求外部支持与合作，争取更多的教育资源，为学生的全面发展提供有力保障。

（三）加强教师队伍建设与培训

教师是教育管理的核心力量，他们对学生的学习需求与动机有着深刻的理解和把握。因此，加强教师队伍建设与培训是应对学生学习需求与动机挑战的关键。教育管理者应定期组织教师参加教育培训和学术交流活动，提升他们的教育教学水平和专业素养。同时，建立激励机制，鼓励教师积极探索和创新教学方法和手段，以满足学生的学习需求并激发他们的学习动机。

（四）建立有效的沟通与反馈机制

建立有效的沟通与反馈机制是教育管理者应对学生学习需求与动机挑战的重要手段。教育管理者应与学生、家长和教师保持密切的沟通与联系，及时了解他们的需求和意见。通过定期召开座谈会、开展问卷调查等方式收集反馈信息，对学生的学习需求与动机进行动态监测和分析。同时，根据反馈结果及时调整教育策略和措施，确保教育管理与实际需求相契合。

（五）注重评价与反思

评价与反思是教育管理持续改进的关键环节。教育管理者应建立科学的评价体系，对学生的学习成果和过程进行全面、客观地评价。通过评价发现学生学习需求与动机方面的问题和不足，为改进教育策略提供依据。同时，定期组织教育工作者进行反思和总结，分享成功经验，促进教育管理的不断创新和发展。

第四节 学生社会实践与创新能力

一、学生社会实践的现状与特点

学生社会实践作为教育体系中的重要组成部分，对于培养学生的综合素质、提升实践能力具有不可替代的作用。在当前教育背景下，学生社会实践呈现出多样化、创新化和系统化的特点。下面将从现状和特点两方面，对学生社会实践进行深入探讨。

（一）学生社会实践的现状

学生社会实践的形式日益多样化，包括志愿服务、社会调查、实习实训、创新创业等多种形式。这些实践形式各具特色，能够满足不同学生的兴趣和需求，同时也为学生提供了更广阔的实践平台。随着教育理念的转变和社会实践重要性的提升，越来越多的学生积极参与到社会实践中来。无论是高校学生还是中小学生，他们都通过参与社会实践活动来锻炼自己的实践能力，提升综合素质。

学生社会实践不再是简单地"走出去"看世界，而是更加注重与学习的有机结合。在实践过程中，学生能够将所学知识运用到实践中，同时也能够通过实践来加深对知识的理解和掌握。

（二）学生社会实践的特点

学生社会实践的首要特点是教育性。通过实践活动，学生能够深入了解社会、了解国情，增强社会责任感和历史使命感。同时，实践活动还能够培养学生的团队合作精神、创新能力和解决问题的能力，对于提升学生的综合素质具有重要作用。实践性是学生社会实践的本质特点。学生通过亲身参与实践活动，能够直观感受社会的多样性和复杂性，了解社会的运行规律和实际问题。这种实践性的学习方式有助于学生将理论知识与实际相结合，提高解决实际问题的能力。

在当前创新驱动的社会背景下，学生社会实践也呈现出创新性的特点。许多学生不再满足于传统的实践方式，而是积极探索新的实践形式和内容。他们通过科技研发等活动，将所学知识与实际需求相结合，为社会发展贡献自己的力量。学生社会实践往往是一个系统性的过程，包括前期准备、实施过程、总结反思等多个环节。在这个过程中，学生需要制订详细的实践计划，明确实践目标，合理安排时间和资源。同时，他们还需要对实践过程进行记录和总结，以便更好地反思和提升自己的实践能力。

学生社会实践具有很强的社会性。通过实践活动，学生能够深入了解社会现状和问题，与社会各界进行交流和合作。这种社会性的实践经历有助于学生更好地融入社会，增强社会适应能力和社会责任感。

（三）学生社会实践存在的问题与挑战

尽管学生社会实践呈现出积极的现状和特点，但仍然存在一些问题和挑战。例如，部分学校对社会实践的重视程度不够，缺乏有效的组织和管理；部分学生在实践过程中缺乏明确的目标和计划，导致实践效果不佳；此外，社会实践与学习的结合程度还需要进一步加强，以更好地发挥社会实践的教育作用。

（四）改进学生社会实践的对策与建议

针对上述问题与挑战，可以从以下几方面改进学生社会实践：加强学校对社会实践的重视程度，完善社会实践的组织和管理机制；增强学生的实践意识和能力，引导他们制订明确的实践目标和计划；加强实践与学习的结合，将实践成果转化为学习动力；鼓励学生在实践中发挥创新精神，探索新的实践形式和内容；加强与社会的联系与合作，为学生提供更广阔的实践平台和资源。

二、学生创新能力的培养途径与方法

随着时代的进步和科技的飞速发展，创新能力已经成为一项衡量人才质量的重要标准。因此，培养学生的创新能力已经成为教育领域的重要任务。下面将探讨学生创新能力的培养途径与方法，以期为提高教育质量、培养更多具有创新精神和实践能力的人才提供参考。

（一）优化课程体系，注重创新思维培养

课程体系是培养学生创新能力的基础。学校应该根据时代发展的需要，调整和优化课程设置，注重培养学生的创新思维。首先，加强基础课程的建设，为学生打下坚实的学科基础。同时，引入跨学科课程，鼓励学生打破学科壁垒，进行综合性学习。此外，增加创新实践课程，让学生在实践中锻炼创新思维和解决问题的能力。

（二）创新教学方法，激发学生创新热情

教学方法是培养学生创新能力的关键。教师应该摒弃传统的填鸭式教学，采用启发式、探究式等创新教学方法，激发学生的创新热情。例如，

通过案例教学、问题导向教学等方式，引导学生主动思考、积极探索，培养他们的创新思维和解决问题的能力。同时，利用现代教育技术，如多媒体教学、网络学习平台等，丰富教学手段，提高教学效果。

（三）开展实践活动，提升学生创新能力

实践是检验真理的唯一标准，也是培养学生创新能力的重要途径。学校应该积极开展各种实践活动，如科技创新竞赛、社会实践、实习实训等，让学生在实践中锻炼创新能力。通过参与实践活动，学生可以将所学知识应用于实际中，发现问题、解决问题，提高创新能力。同时，实践活动还能帮助学生积累实践经验，为未来的职业发展打下坚实基础。

（四）搭建创新平台，提供创新资源支持

为了培养学生的创新能力，学校应该搭建创新平台，为学生提供创新资源支持。例如，建立实验室、创新基地等，为学生提供良好的实验环境和设备支持；邀请行业专家、学者来校举办讲座、研讨会等，为学生提供与前沿科技接触的机会；与企业合作开展产学研项目，为学生提供实践机会和就业渠道。通过这些平台的搭建，学生可以接触到更多的创新资源和信息，拓宽创新视野，提高创新能力。

（五）营造创新氛围，鼓励学生敢于创新

创新氛围是培养学生创新能力的重要环境。学校应该营造积极向上、鼓励创新的氛围，让学生在这种环境中敢于尝试、敢于创新。例如，举办创新成果展示活动，展示学生的创新成果和作品，激发他们的创新热情；设立创新奖学金、创新奖励机制等，对在创新方面表现突出的学生进行表彰和奖励；加强校园文化建设，倡导创新精神和实践能力。

（六）加强师资建设，提高教师创新能力

教师在培养学生创新能力方面发挥着关键作用。因此，学校应该加强师资建设，提高教师的创新能力。首先，加强教师的职业培训和教育，使他们掌握创新教学方法和手段。其次，鼓励教师参与科研项目和实践活动，提高他们的科研能力和实践能力。最后，建立激励机制，对在培养学生创新能力方面表现突出的教师进行表彰和奖励。

（七）完善评价体系，注重创新能力考核

评价体系是检验学生创新能力培养效果的重要手段。学校应该完善评价体系，注重对学生创新能力的考核。首先，建立多元化的评价体系，包括课堂表现、作业完成情况、实践活动参与情况等方面。其次，增加创新成果的考核比重，鼓励学生积极参与创新实践。最后，注重过程性评价和反馈，及时了解学生的创新进展和问题，为他们提供针对性的指导和帮助。

三、社会实践与创新能力对教育管理的要求

在当今时代，社会实践与创新能力不仅是学生个人成长的重要驱动力，也是教育管理领域亟待关注与深化的关键议题。这两者不仅对学生个体的发展有着深远的影响，更对教育管理提出了新的要求和挑战。因此，深入探讨社会实践与创新能力对教育管理的要求，对于提升教育质量、培养创新人才以及推动教育管理的现代化具有重要意义。

（一）社会实践对教育管理的要求

社会实践是学生将理论知识与实际相结合、锻炼综合能力的重要途径。它对教育管理的要求主要体现在以下几方面。

首先,教育管理需要构建完善的社会实践体系。这包括制订详细的社会实践计划,明确实践目标、内容和方法,以及提供必要的资源和支持。同时,还需要建立有效的实践考核机制,确保学生能够真正参与到实践中,并从中获得实际收获。其次,教育管理应注重社会实践与课程教学的有机结合。在课程教学中,应适当引入社会实践的内容,引导学生将所学知识应用于实际情境中。同时,在社会实践过程中,也应注重理论知识的巩固与拓展,使学生在实践中不断加深对理论知识的理解和掌握。最后,教育管理还应加强与社会各界的联系与合作。通过与企业、社区等机构的合作,为学生提供更多的实践机会和资源。同时,还可以邀请具有丰富实践经验的专家或行业领袖来校举办讲座或指导,为学生提供更广阔的视野和更深入的指导。

(二)创新能力对教育管理的要求

创新能力是当今社会人才竞争的核心要素,也是教育管理领域亟待关注和培养的关键能力。它对教育管理的要求主要体现在以下几方面。

首先,教育管理需要营造有利于创新的环境和氛围。这包括建立开放、包容、鼓励创新的文化氛围,尊重学生的个性和差异,鼓励他们敢于尝试、敢于创新。同时,还需要提供充足的创新资源和平台,如实验室、创新中心等,为学生提供创新实践的空间和条件。其次,教育管理应注重培养学生的创新思维和实践能力。在课程教学中,应注重培养学生的批判性思维、问题解决能力等创新思维要素。同时,还应加强实践教学环节,让学生在实践中锻炼创新能力和解决问题的能力。最后,教育管理还应加强对学生创新成果的评价和激励。通过设立创新奖学金、创新竞赛等方式,对在创新方面表现突出的学生进行表彰和奖励。这不仅可以激发学生的创新热情，还可以为其他学生树立榜样，带动更多学生参与到创新实践中来。

（三）社会实践与创新能力对教育管理的综合要求

社会实践与创新能力不是孤立存在的，它们之间有着密切的联系和相互促进的作用。因此，教育管理在关注社会实践和创新能力的同时，还需要综合考虑两者之间的内在联系和综合要求。

一方面，教育管理需要将社会实践与创新能力培养相结合。通过社会实践活动，培养学生的实际操作能力和解决问题的能力；通过创新实践项目，激发学生的创新思维，提高学生的创新能力。两者相辅相成，共同推动学生的全面发展。另一方面，教育管理需要建立多元化、个性化的培养机制。不同学生有着不同的兴趣、特长和发展需求，教育管理应尊重学生的个性差异，提供多样化的培养路径和选择。同时，还应关注每个学生的成长需求，为他们提供个性化的指导和支持。此外，教育管理还应加强教师队伍的建设。教师是培养学生社会实践和创新能力的重要力量，他们的素质和能力直接影响到学生的培养效果。因此，教育管理应加强对教师的培训和引导，提高他们的实践能力和创新素养，使他们能够更好地指导学生进行社会实践和创新活动。

第五节 学生个性化发展策略

一、学生个性化发展的内涵与意义

随着社会的快速发展和教育理念的更新，学生个性化发展逐渐受到教育界的广泛关注和重视。学生个性化发展不仅关乎学生个人的成长与幸福，更是国家和社会未来发展的重要基石。下面将从内涵与意义两个方面深入探讨学生个性化发展，以期为推动教育改革和人才培养提供有益的参考。

（一）学生个性化发展的内涵

学生个性化发展是指在教育过程中，根据学生的兴趣、特长、潜能和个性特点，为其量身定制教育方案，以促进其全面而富有个性的发展。具体来说，学生个性化发展包含以下四个方面的内涵。

尊重个体差异。每个学生都是独一无二的个体，他们在认知、情感、意志等方面存在差异。个性化发展要求教育者充分尊重这些差异，避免一刀切的教育方式，而是根据学生的实际情况进行有针对性的教育。

发掘学生潜能。每个学生都拥有独特的潜能和天赋，个性化发展旨在通过科学的方法和手段，发掘并培养学生的潜能，帮助他们实现自我价值。

培养创新精神。在个性化发展的过程中，教育者鼓励学生独立思考、勇于探索，培养他们的创新精神和实践能力，使他们能够适应未来社会的快速发展和变化。

促进全面发展。个性化发展不是片面的、单一的，而是追求学生的全面发展。这包括知识、技能、情感、态度、价值观等多方面的提升，使学生成为具有综合素质的人才。

（二）学生个性化发展的意义

学生个性化发展关注学生的内心需求和个性特点，有助于他们找到真正感兴趣和擅长的领域，从而在学习和生活中获得更多的快乐和满足感。同时，通过发掘和培养学生的潜能，使他们能够在自己擅长的领域取得优异的成绩和成就，进一步提升个人的幸福感和成就感。学生个性化发展要求教育者摒弃传统的、单一的教育模式，转向更加灵活、多元的教育方式。这将推动教育领域的创新和改革，使教育更加符合学生的实际需求和发展规律。同时，个性化发展也将促进教育资源的优化配置，提高教育质量和效益。

随着社会的快速发展和科技的不断进步，社会对人才的需求也日益多样化。学生个性化发展能够培养出具有不同特长和潜能的人才，满足社会对不同领域、不同行业的需求。这将有助于推动社会的创新和发展，为国家的繁荣和进步提供有力的人才保障。学生个性化发展关注每个学生的个体差异和需求，有助于消除教育中的不公平现象。为每个学生提供适合他们的教育资源和机会，使他们都能够得到充分的发展。这将有助于增进社会的公平与和谐，减少社会矛盾和冲突。

学生个性化发展是国家长远发展的基石。通过培养具有创新精神和实践能力的人才，为国家的创新驱动发展战略提供有力支撑。同时，个性化发展也有助于提高国民的整体素质和文化水平，为国家的文化繁荣和社会进步奠定坚实基础。

（三）实现学生个性化发展的策略与途径

转变教育观念，树立个性化发展理念。教育者应充分认识到学生个性化发展的重要性，摒弃传统的应试教育观念，关注学生的个体差异和需求，树立以学生为本的教育理念。加强师资队伍建设，提高教师个性化教育能力。教育者应具备个性化教育的知识和技能，能够根据学生的实际情况进行有针对性的教育。同时，学校应加强对教师的培训和考核，提高教师的专业素养和教育水平。

优化课程设置，满足学生多样化需求。学校应根据学生的兴趣、特长和潜能，设置多样化的课程和活动，为学生提供更多的选择和发展空间。同时，课程应注重实践性和创新性，培养学生的实践能力和创新精神。建立完善的评价体系，促进学生全面发展。评价应关注学生的全面发展，包括知识、技能、情感、态度等多方面的评价。同时，评价应具有灵活性和多样性，能够反映学生的个性特点和潜能。

加强家校合作，共同推动学生个性化发展。家庭是学生成长的重要环境，家长应积极参与学生的教育过程，了解学生的需求和进步，与学校共同推动学生的个性化发展。

二、学生个性化发展的现状与困境

随着社会的不断发展和教育改革的深入推进，学生个性化发展逐渐受到越来越多的关注。然而，在现实中，学生个性化发展的现状与理想状态之间仍存在较大的差距，面临着诸多困境。下面将从学生个性化发展的现状出发，深入剖析其面临的困境，以期为推动学生个性化发展提供有益的参考。

（一）学生个性化发展的现状

当前，学生个性化发展在一定程度上得到了重视，但仍存在一些问题。

首先，教育资源的分配不够均衡。在一些优质学校和教育资源丰富的地区，学生个性化发展的机会和条件相对较好。然而，在广大农村和贫困地区，由于教育资源的匮乏，学生个性化发展的空间受到较大限制。

其次，教育观念和教育方式相对滞后。传统的应试教育观念仍然根深蒂固，一些学校和教师过于注重学生的分数和升学率，忽视了学生个性化发展的需求。同时，教育方式单一，缺乏灵活性和多样性，难以满足学生的个性化需求。

最后，学生自身也存在一些问题。一些学生缺乏自主意识和自我管理能力，难以有效规划和实施自己的个性化发展。同时，面对繁重的学业压力和竞争压力，一些学生难以抽出时间和精力去发掘和培养自己的兴趣和特长。

（二）学生个性化发展面临的困境

当前的教育体制和机制在一定程度上限制了学生个性化发展。应试教育体系下，学校往往以分数和升学率为主要评价标准，导致学生过度追求成绩，忽视了个性化发展。同时，教育资源的分配不够均衡，使得一些学生难以获得充分的个性化发展机会。此外，教育行政部门的过度干预和管理也限制了学校和教师在个性化教育方面的创新和实践。

教师队伍的素质和能力是影响学生个性化发展的重要因素。然而，现实中一些教师的教育观念落后，缺乏个性化教育的知识和技能，难以有效指导学生的个性化发展。同时，一些教师缺乏创新意识和实践能力，难以提供多样化的教育方式和手段，难以满足学生的个性化需求。

家庭教育和社会环境也是影响学生个性化发展的重要因素。一些家长过于追求孩子的学业成绩，忽视了孩子的兴趣和特长，限制了孩子的个性化发展。同时，社会环境中的不良风气和价值观也可能对学生的个性化发展产生负面影响。例如，过度追求名利和物质享受的社会氛围可能使学生失去对精神追求和自我成长的关注。学生自我认知和规划的缺失也是个性化发展面临的困境之一。一些学生缺乏对自己的兴趣和特长的深入了解，难以找到适合自己的发展方向。同时，一些学生缺乏明确的职业规划和人生目标，难以有效规划和实施自己的个性化发展。这可能导致学生在成长过程中迷失方向，难以充分发挥自己的潜能和优势。

（三）突破困境的策略与途径

为了突破学生个性化发展的困境，我们需要从多方面入手，采取切实有效的措施。

首先，深化教育改革，构建更加灵活和包容的教育体系。我们需要打破应试教育的束缚，建立以素质教育为核心的教育体系，注重学生的全面发展。同时，优化教育资源配置，确保每个学生都能获得公平的教育机会。

其次，加强教师队伍建设，提高教师的个性化教育能力。通过加强教师培训和教育，提升教师的教育理念和教学水平，使他们能够更好地指导学生的个性化发展。同时，鼓励教师创新教育方式和手段，提供多样化的教育选择。

再次，加强家庭教育和社会环境的引导与改善。家长应转变教育观念，关注孩子的兴趣和特长，为孩子的个性化发展提供支持和帮助。同时，社会应营造良好的文化氛围和价值观导向，为学生个性化发展提供良好的外部环境。

最后，引导学生加强自我认知和规划。通过开设相关课程和活动，帮助学生了解自己的兴趣和特长，明确自己的职业规划和人生目标。同时，培养学生的自主意识和自我管理能力，使他们能够主动规划和实施自己的个性化发展。

三、教育管理在学生个性化发展中的支持与引导

教育管理作为教育活动的核心组成部分，对学生个性化发展起着至关重要的支持与引导作用。在当今时代，学生个性化发展已成为教育改革的重要方向，而教育管理则扮演着搭建平台、优化环境、提供资源的角色。下面将从教育管理对学生个性化发展的支持与引导两个方面进行深入探讨，以期为教育实践提供有益的参考。

（一）教育管理对学生个性化发展的支持

教育管理在学生个性化发展中扮演着多重角色，为学生提供了必要的支持和保障。

首先，教育管理在制度建设方面为学生个性化发展提供了有力保障。学校通过制定和完善个性化教育政策，为学生提供了更多的选择和发展空间。例如，建立多样化的课程体系，允许学生根据自己的兴趣和特长选择课程；设立灵活的学制和学分制度，允许学生根据自己的学习进度和能力进行调整；建立个性化的评价体系，注重学生的全面发展，而非单一的分数评价。这些制度的建设为学生个性化发展提供了制度保障，使学生能够在更加宽松和自由的环境中成长。

其次，教育管理在资源配置方面为学生个性化发展提供了有力支持。学校通过优化教育资源配置，确保每个学生都能获得必要的支持和帮助。例如，加大对特色课程和活动的投入，为学生提供更多的学习机会；加强师资队伍建设，提高教师的个性化教育能力；改善教学设施和学习环境，为学生提供更好的学习条件。这些资源的配置为学生个性化发展提供了物

质基础，使学生能够充分发挥自己的潜能和优势。

最后，教育管理还通过搭建平台、组织活动等方式为学生个性化发展提供支持。例如，举办各种学科竞赛、文化艺术节、社会实践等活动，为学生提供展示自己才华和能力的机会；建立学生社团和组织，鼓励学生自主开展活动，培养学生的领导能力和团队合作精神。这些平台的搭建和活动的组织为学生个性化发展提供了展示和锻炼的机会，有助于培养学生的综合素质和个性特点。

（二）教育管理对学生个性化发展的引导

除了提供支持外，教育管理还通过引导和激励的方式促进学生个性化发展。

首先，教育管理通过明确教育目标和价值导向来引导学生个性化发展。学校根据学生的实际情况和社会需求，制定明确的教育目标，强调学生的全面发展和个性特点的培养。同时，学校还通过宣传教育、校园文化建设等方式，引导学生树立正确的世界观、人生观和价值观，为学生的个性化发展提供正确的方向。

其次，教育管理通过个性化的教育方式和手段来引导学生个性化发展。学校根据学生的特点和需求，采用多样化的教学方式和手段，如项目式学习、合作学习、探究学习等，激发学生的学习兴趣和积极性。同时，学校还注重培养学生的创新思维和实践能力，鼓励学生自主探索和解决问题，培养学生的自主性和创造性。

最后，教育管理还通过评价体系的改革来引导学生个性化发展。传统的评价体系往往过于注重分数和升学率，忽视了学生的个性和特长。因此，学校需要改革评价体系，注重学生的全面发展的评价和个性特点。例如，采用多元评价的方式，综合考虑学生的知识、技能、情感、态度等多个方面；注重过程性评价和表现性评价，关注学生的学习过程和实际表现；鼓励学生自我评价和同伴评价，培养学生的自我认知和反思能力。这些评价体系的改革有助于引导学生关注自己的个性发展和综合素质的提升。

（三）加强教育管理对学生个性化发展的支持与引导的策略

为了更好地支持和引导学生个性化发展，教育管理需要不断创新和完善。

首先，教育管理应树立以学生为本的教育理念，关注学生的个体差异和需求。学校应深入了解每个学生的特点和需求，为他们提供个性化的教育方案和支持。同时，学校还应注重培养学生的主体性和自主性，鼓励他们自主选择和规划自己的发展路径。

其次，教育管理应加强师资队伍建设，提高教师的个性化教育能力。学校应加强对教师的培训和指导，帮助他们掌握个性化教育的知识和技能。同时，学校还应鼓励教师开展个性化教育实践和研究，探索适合学生的教育方式和手段。

最后，教育管理还应加强与家庭和社会的合作与沟通。家庭和社会是学生成长的重要环境，对学生的个性化发展具有重要影响。学校应加强与家长的沟通和合作，共同关注学生的成长和发展。同时，学校还应积极争取社会资源的支持，为学生个性化发展提供更多的机会和平台。

第三章 高校学生自我意识教育

第一节 自我意识认知

一、自我意识的内涵

人类对自我意识的真正研究始于文艺复兴运动，人文主义者喊出了"我是凡人，我有凡人的要求"的人性解放之声。此后，法国哲学家笛卡尔（René Descartes）最先使用了"自我意识"这一概念，提出了"用心灵的眼睛去注意自身"的精辟论断，揭示了自我意识的发现途径。笛卡尔之后，有关自我的研究开始得到空前的发展。[1]

美国心理学家詹姆斯（W.James）提出，凡属于我或与我有关的事物都是自我的内容，如身体、品质、能力、愿望、家庭等，自我从自我净化、自我完善和自我提高三个层次起作用。[2]

社会心理学家库利（Charles Horton Cooley）指出：自我是一面镜子，它从别人那里反映自己的行为，自我是经历无数次他人评价而形成的社会产物。[3]

---

[1]（法）笛卡尔.谈谈方法[M].刘延川，译.成都：四川人民出版社，2020.
[2]（美）詹姆斯.破译心灵[M].蒋书丽，赵琨，译.海口：海南出版社，2001.
[3]（美）库利.人类本性与社会秩序[M].包凡一，王源，译.北京：华夏出版社，1989.

米德（Mead）认为：自我分为主体我（I）和客体我（me），主体我代表每个人的自然特性，而客体我代表自我社会的一面；主体我先于客体我形成，客体我的形成需要很长时间；自我意识的发展包含主体我与客体我的不断对话。

综合以上学者的观点，我们认为，自我意识是意识的核心部分，就是自己对自己的认识，是自我概念、自我评价、自我理想的辩证统一。人在自我概念（我是什么样的人）的基础上产生了自我评价（我这个人怎么样），进而实现自我理想（我应该成为怎样的人）。

二、自我意识的不同类型

（一）根据自我意识的活动内容划分

从自我意识的活动内容方面来划分，可分为生理自我、社会自我和心理自我。

1. 生理自我

生理自我是个体对自己身体、生理状态（如身高、体重、容貌）的认识和体验，它是一个人在与他人交往过程中而逐渐形成的，它使一个人把自我和非我区别开来，意识到自己的生存是依托于自己的躯体的。生理自我是与生俱来的，我们只能接受而不能改变它，随着自我意识的加强，我们逐渐对生理自我有了一个正确的认识和明晰的看法。

2. 社会自我

社会自我是个体对自身与外界客观事物关系的认识、体验和愿望，包括个人对自己在客观环境及各种社会关系中的角色、地位、权利、义务、责任、力量等的意识。青年男女常用"我已经长大了"来表达自己的社会自我，期望社会给予积极的肯定与认可。

3.心理自我

心理自我是个体对自己的心理活动、人格特点、心理品质的认识、体验和愿望，包括对自己的感知、记忆、思维、智力、能力、性格、气质、爱好、兴趣等的认识和体验。心理自我也伴随着成长历程，我们的情感、智力、能力、兴趣、情绪等都随着成长与日俱增，我们逐渐学会评价自己的心理自我、体验心理自我。随着自我意识的发展，个体的社会角色渐渐浮出水面并占据重要位置，与此相应的责任感、义务感、角色感也都会增强。

生理自我、社会自我、心理自我是密切联系、相互影响的，它们都包含着不同的自我认知、自我体验与自我控制，但由于比例和搭配不同，构成了个体对自我意识之间的差异，也使得每个人都有自己的对人、对己、对社会的独特的看法和体验。

（二）基于知、情、意的角度划分

自我意识是一种多维度、多层次的复杂心理现象，它由自我认识、自我体验和自我控制三种心理成分构成。这三种心理成分相互联系、相互制约，统一于个体的自我意识之中。

1.自我认识

自我认识是自我意识的认知部分，它是主体我对客体我的认知和评价，即自我认知和自我评价。其中，自我认知是自己对自己身心特征的认识；自我评价是在自我认知的基础上对自己做出的某种判断。

自我认识主要解决"我是一个什么样的人"的问题，例如，有人观察自己的形体，认为自己属于"健壮型"；分析自己的为人处世，认为自己是热情友善的;用批评的眼光审视自己时,觉得自己脾气暴躁、容易冲动等。可见,自我认识涉及个人的自我感觉、自我观察、自我分析和自我批评等。

在客观的自我认识基础上做出正确的自我评价,对于个人的心理活动、行为表现及个人在社会群体中人际关系的协调,都具有重大的作用。

2.自我体验

自我体验是通过认识和评价而表现出来的情绪上的感受,其中包括满意或不满意、自尊、自爱、责任感、义务感、优越感、羞怯、自卑等。在人的生活体验中,不仅有肯定的情绪体验,也有否定的情绪体验。而且,还要按照自己在社会中的地位或角色体验多种不同的情绪。

3.自我控制

自我控制是主体对自身心理行为的主动的掌握。自我控制表现在意志方面,就是对自己的行为和活动的调节,进而了解自己在达到目的的过程中,如何克服外部障碍与内部困难,采取什么手段实现自己的决定。

由上所述,自我意识的结构包括自我认识、自我体验、自我控制,三者有机统一,不可分割。通过自我认识,使人明确"我是一个怎样的人";通过自我体验,可以解决"我这个人怎样""我是否接受自己";通过自我控制,可以最终解决"我应当成为一个怎样的人"。

三、自我意识的影响

自我意识是人类特有的心理现象,它的作用巨大。从种系发展来看,人类的心理具有自我意识,大大地优越于任何动物;从个体来看,人类个体进入青年期,其自我意识发展成熟,才脱离少年儿童的幼稚,进入成人阶段,真正具有了人的责任感和义务感。

第一，常把自身作为自己活动的参照物。人们怎样活动，活动的内容，都是以自己为参照物的。人们对外部世界的各种看法，大多是相对于自己状况而言的。

第二，自我介入对个体活动的意义重大。人们将某一事物与自我有内在的关系称为自我介入。在个体活动中，自我介入通常与感情因素有关。自我介入在少儿三岁前后开始产生，表明个体对于自身有相当的认识，已经知道自己与其他人、其他事物的不同。之后，自我介入范围越来越广。到成年时，和自我有关的事物不但包括财产、家庭、职业，而且还包括思想、观念、信仰、目标、价值观等，如果这些受到损害或威胁，个体会认为是自己受到损害或威胁，便会进行自我防卫。

第三，自我是个体活动的觉察者、调节者与发动者。自我作为个体活动的觉察者是使个体知道他在干什么，干得如何，并随时修正。而某一活动干得是否恰当，自我会对它做出评价，提供反馈信息，从而保持或改变活动的内容、方向和强度。这种调节有时是有意识的，而有时也是无意识的。

第二节 大学生自我意识的发展及其特征

一、大学生自我意识的发展

（一）大学生自我意识的发展过程

进入青春期后，大学生的自我意识会出现一个分化—冲突—统一的过程。这一过程是大学生自我意识不断发展，趋于成熟的过程。

1. 自我意识的分化

自我意识的明显分化，使大学生主动、迅速地对自己的内心世界和行为具有了新的意识，开始意识到自己那些从来没有被注意到的"我"的许多方面和细节。在这一时期，大学生自我沉思、自我分析、自我反省的时候明显增多；对自我新的认识、体验和控制而带来的种种激动、焦虑、喜悦和不安也显著增加；为自己应该怎样做、能怎样做、不应该怎样做等行为开始认真地动脑筋，不像中学生那样随心所欲。

这时，假如个体的理想自我（主体我）和现实自我（客体我）能保持大致的平衡，也就是说，个体的真正能力、性格、欲望能如实地表现出来，个体便能以自己的本来面目出现在别人面前，既不用掩饰自己的努力，也不怕暴露自己的缺点，从而有利于发挥自己的实际能力，促进个体健康发展。

自我意识的分化促进了大学生的思维和行为的主体性的形成，从而为客观地评价自己和他人，合理地调节自身的言行奠定基础。这是自我意识开始走向成熟的标志。

2. 自我意识的矛盾冲突

自我意识的分化，一方面，使青年开始意识到自己不曾注意的许多"我"的方面和细节，发现理想我与现实我的差距。另一方面，由于处于发展阶段，自我形象不能很快确立，自我概念不能明确地形成，因而自我冲突加剧，表现为内心冲突，甚至有很大的内心痛苦和强烈的不安感。

归纳起来，当代大学生自我意识的矛盾冲突主要表现在以下五个方面。

（1）"理想我"与"现实我"的冲突。这可以说是大学生自我意识矛盾中最突出、最集中的表现。大学生对未来充满信心，抱负水平较高，成就欲望较强，但由于他们的生活范围相对狭窄，社会交往比较单一，缺乏社会阅历，对自我认识的参照点较少，因此，不能很好地将理想与现实结合起来，从而使"理想我"与"现实我"之间产生较大差距。这种差距在给大学生带来苦恼和不满的同时，也会激发大学生奋发进取的积极性；但如果这种矛盾与冲突过于强烈，不能及时加以调适，则会导致自我意识的分裂，从而带来一系列心理问题。

（2）独立意向与依附心理的冲突。上大学后，大学生的独立意识迅速发展，他们希望自己能在经济、生活、学习、思想等方面独立，希望摆脱成人的管束，自主地处理所遇到的一些问题，但他们在心理上又依赖成人，无法真正做到人格上的独立，这种独立意向与依附心理的矛盾也一直困扰着他们。

（3）交往需要与自我闭锁的冲突。大学生迫切需要友谊，渴望理解，寻求归属和爱。他们有强烈的交往需要，希望能向知心朋友倾吐对人生和生活的看法，能有人分担痛苦，分享欢乐。但同时他们又存在着自我闭锁的倾向，许多人往往不愿主动敞开自己的心扉，而把自己的心灵深藏起来，在公开场合很少发表个人的真实意见。他们在与他人交往时存有较强的戒备心理，总是有意无意地保持一定距离，正是这种交往需要与自我闭锁的矛盾冲突，使得不少大学生备受"孤独"的煎熬。

（4）自信心与自卑感的冲突。大学生刚刚考上大学时，受到老师、家长、亲朋好友的赞赏、同辈人的羡慕，因此优越感和自尊心都很强，对自己的能力、才华和未来都充满了自信。然而进入大学后，群英荟萃，许多大学生发现"山外有山"，尤其是当学习、文体、社交等方面显露出某些不足时，有些大学生就会陷入怀疑自己、否定自己的不良情绪中，于是产生自卑心理。在这些大学生的内心深处，自信心和自卑感常常处于冲突状态。

（5）追求上进与自我消沉的冲突。许多大学生都有较强的上进心，他们希望通过努力来实现自身的价值。但在追求上进时，困难、挫折在所难免，不少大学生常常出现情绪波动。在困难面前望而生畏，消极退缩，虽然退缩但又不甘放弃，心中依然想追求、想奋进，内心极为矛盾，困惑、烦躁、不安、焦虑也由此而生。

3.自我意识的统一

由自我意识的分化带来的种种矛盾冲突是大学生自我意识发展中的正常现象，也是大学生迅速走向成熟的集中表现。自我意识矛盾冲突一方面会使大学生感到痛苦不安、焦虑苦恼，有可能会影响到他们的心理发展和心理健康，另一方面也会促使他们设法解决矛盾，来实现"理想我"与"现实我"的统一。但是，由于个人的社会背景、生活经验、智力水平、追求目标等方面的差异，自我意识的统一途径也有所不同，但总体来说其统一途径有三方面：一是努力改善现实自我，使之逐渐接近理想自我。二是修正理想自我中某些不切实际的过高标准，并改善现实自我，使两者互相趋近。三是放弃理想自我而迁就现实自我。按照心理学健康标准，无论哪种途径达到自我意识的统一，只要统一后的自我意识是完整的、协调的、充实的、有力的，就是积极和健康的统一，这种统一就有利于个体的心理健康和发展，有利于社会的文明与进步。

由于个人的社会背景、生活经验、智力水平、追求目标等方面的差异，大学生自我意识的分化、冲突、统一的途径不同，其统一的类型也不同，结果也不同。一般来说，人们把理想自我和现实自我的矛盾统一归纳为五种类型。

第一种是积极型。不断完善现实自我，使之与符合社会发展要求的理想自我达到统一。这是有抱负、有志气的青年所采取的一种统一类型，它典型地反映了青年人积极向上、努力进取的精神，是值得鼓励和提倡的。

第二种是现实型。一方面不断完善现实自我，另一方面又根据现实自我的实际状况，修正理想自我，达到两者统一。在这个过程中虽然理想自我也有朝着现实自我"靠拢"的修正，但出于较现实的考虑，仍不失为一种积极的统一。

第三种是庸碌型。放弃理想自我，以迁就现实自我，达到统一。这是不思进取、安于现状、庸庸碌碌、得过且过的一种统一。例如，有的人原来有良好的理想自我，但在改善现实自我的过程中遇到挫折，便消极处世，作茧自缚，放弃理想自我，听凭自然发展。这是需要教育者促其前进的一类。

第四种是虚假型。通过对现实自我的过高评价或虚妄的判断，获得与理想自我的统一。这类人往往狂妄自大，自命不凡，以主观臆想代替客观现实，沉浸于自我陶醉之中。这是需要教育者击其猛醒的一类。

第五种是消极型。理想自我和现实自我在不符合社会发展要求的方向上的统一。这多为自我意识冲突的人所采取的一种统一类型。比如，有的人形成了与社会进步相悖的理想自我，只是由于种种主客观条件的束缚，现实自我才滞后于理想自我，使现实自我一下子滑向消极的理想自我，获得统一。这是有极大危害性的统一，应引起教育者高度警惕。

虚假型和消极型的学生实际上都有不同程度的心理障碍，属于自我意识的变异状态。这类学生人数极少，但表现出来的心理与行为问题波及面较大，是高校学生思想政治教育和心理卫生咨询引导的重点对象之一。

总而言之，青年中期是理想自我与现实自我矛盾突出的时期，也是使其趋向统一和转化的关键时期。教师应把握大学生自我意识发展的各个重要环节，认识大学生自我意识发展的规律性，促使大学生的自我意识沿着正确健康的方向发展。

（二）大学生自我意识的形成

有研究者通过实证调查研究了大学生自我意识的发展现状，有调查结果表明：大学生对于生理自我处于高度关注期，比较关注自己身体健康状况，但缺乏一定的锻炼；同时也很关注自己的外貌。在社会自我方面，人际关系普遍较好，但也存在一定的行为困扰；总体上人生目的是明确的，主流是健康的，但也存在一定的迷惘。在心理自我方面，具有较强的自我表现意识，但缺乏自我控制能力，既要求个性独立，但又摆脱不了依赖；与社会接触太少，不能准确地对自我进行评价。另有调查结果表明，大学生自我意识总体上是以优秀、积极、进取为主。对不同年级、不同性别、不同类型（文科／理科）的大学生自我意识的统计显示，优秀、积极的自我意识平均水平高于差劣、消极方面的自我意识。

经历过大学的生活和教育，随着个体心理和意识的不断发展，大学生自我意识的发展达到了新的水平。独立感、自尊心、自信心、好胜心等逐步趋于成熟；自我认识、自我体验、自我控制三方面趋于协调发展，自我意识的核心，即世界观和人生观已基本确立。总的来说，大学生自我意识的发展是随着年级的上升而发展的，并在自我认识、自我体验、自我控制方面表现出不同的特点。

二、大学生自我意识的特点

（一）自我认识的发展特点

第一，大学生对自我认识的进阶为对自身内在品质的关注和探究。大学生对自我的认识已经从对自身外部特点（如身体、容貌、仪表等）的关注和探究，进阶到对自身内在品质（如气质、性格、能力和品德等）的关注和探究。在对大学生所做的问卷调查中，对于"你认为自己是一个什么样的人"的问题，多数学生回答的都是关于自己心理品质的内容，如善良、真诚、热情、诚实、乐观、自尊、有理想、有上进心、勤奋学习、刻苦耐劳、尊敬老师、团结同学、心胸开阔、有同情心、能助人为乐等。虽然多数大学生对自己的外貌都比较关注，但只有很少数人将此作为专门探究的内容。

第二，大学生对自我认识的进阶为开始重视自我社会属性。在大学生对自我的认识中，对自我社会属性（社会归属、社会角色、社会价值、社会义务等）的关注和探究，随着年级的升高而日益成为重要的内容。此外，越来越多的学生意识到自己对家庭、对社会、对国家的义务，不少学生因未能报答父母的辛苦劳动而感到内疚。

第三，大学生对自我认识经历着由矛盾到统一的过程。大一新生刚入学时，有的学生说"我相信自己最了解自己，但实际上我并不真正了解自己。我有时觉得自己是这样的，有时又觉得自己并非这样，常常自己推翻给自己下的结论"。有的学生说"我是一个开朗并爱说真话的女孩子，可是有些人说我正直、真诚，有些人说我做作、说假话。别人对我的评价究竟哪些是真话，哪些是假话，我自己也无法断定"。这些举例说明自我意识的矛盾尚未趋于成熟和统一。一般到大学三、四年级，他们对自我才有了比较确定的认识和评价,形成了比较稳定的自我观念。

第四,大学生的自我意识以肯定性的评价为主。从对大学生自我意识的调查问卷可以看出,他们对自我的评价绝大多数是积极肯定的,优点多于缺点。在毕业求职的自我推荐信上,这种肯定性的评价表现得更为明显。绝大多数同学都没有把自己的缺点与弱点看成主流。

第五,大学生的自我评价从高估到趋于平衡。西方心理学研究认为,青年大学生对自我评价有过高评估的倾向。从对我国大学生的分析来看,一年级大学生自我高估的倾向比较明显,但是,经过大学四年的学习、观察与体验,自我评价已逐步趋于平衡。

总之,经过大学四年的学习,大学生的自我意识已经逐步深入、全面、统一和稳定,趋向成熟。他们已形成了一个明确的自我观念和自我概念,并影响着自我体验与自我发展。

(二)自我体验情感的发展特点

大学生对自我的情感体验是随着自我意识、自我评价的发展而发展的。这个时期最主要的自我体验是自尊感、优越感、义务感、爱美感、孤独感、抑郁感和烦恼等。

1. 自尊感

自尊感也称自尊心。自尊感是社会评价与个人自尊需要的关系反映。大学生的自尊感主要基于两种肯定的评价:一是由于意识到自己正成长为社会的主体而产生的肯定评价,二是由于意识到自己心理品质的成熟而产生的肯定评价。总之,大学生的自尊感是由于意识到自己作为一个有理想、有文化、有道德的公民,对家庭、对社会、对国家所具有的价值而产生的积极的自我体验。

自尊感对大学生的心理发展和成长具有积极的意义。自尊感强的学生，为了维护自尊心，必然会以高度的责任感和进取心对待学习，对自己提出严格的要求；为了维护自尊心，必然会严于律己，学会尊重别人，处理好人际关系。但是，过分的自尊感也会产生消极的作用，如不能正确地对待因自尊心受损而产生的挫折，就会因过分要求别人尊重而处理不好人际关系，特别是当自尊心受到严重伤害时也许还会做出极端的、难以预测的反应。

2. 优越感

优越感是由于对自我社会地位与个人知识、能力等评估过高而产生的一种自我体验。高考使许多学生从众多竞争对手中脱颖而出考上大学，环顾左右，展望未来，对自我过高评估产生的优越感便在许多学生心中油然而生。

这种优越感的体验在大学生中持续的时间并不长，随后就会被环境适应、人际关系等问题冲淡，逐渐趋于理性。

3. 义务感

义务感是由于意识到个人对家庭、对社会、对国家的义务而产生的一种自我体验。每当国家和民族的命运处于生死存亡的关键时刻，或者当人民的生命财产受到威胁时，许多大学生不顾个人安危，奋勇献身，义无反顾，以为国家、为人民尽忠而欣慰，以未能做出奉献而自责和内疚。这就是一种义务感。由于大学生意识到祖国对自己的培养和期望，他们对国家和人民的义务感也相应增强。

4. 爱美感

这里所说的爱美感，不是指爱客观事物的美感，而是指大学生意识到本身的美与丑而产生的自我体验。

大学生对自身美的关注，除重视身材与容貌美外，更重视自己的仪表与风度美，他们认为仪表与风度更能体现出自身的文化修养与心理素质。

5. 孤独感

孤独感是由于得不到他人思想上的理解与情感上的共鸣而产生的一种自我体验。孤独感并非源于没有可以交往的朋友，而是源于缺乏知心的、互相理解的朋友。大学生由于思想的深化、人格的分化，他们已不满足于同一般朋友交往，而要求在更深层次上同知心的朋友互诉心声，达到情感共鸣，这时就往往产生了缺乏知音的孤独感。

6. 抑郁感

抑郁感是由于个人的思想、愿望受到压抑，未能得到充分表达或实现而产生的一种消极的自我体验。大学生产生抑郁感的原因很多，如理想同现实发生矛盾；人际关系处理得不好，不被他人接纳；缺乏知心的人可以谈心；对所学的专业不满意，又无力解决；没有展现自己才干的机会等。这些都可以使人产生抑郁感。

研究表明，自我认可程度低的人较易产生抑郁感。消除抑郁感，首先要提高个人的自我评价，增强自信心，使其意识到自己有能力摆脱造成压抑感的困境。

7. 烦恼

烦恼也是许多大学生常有的自我体验。这往往是由不顺心的事引起的。引起大学生烦恼的原因很多，比如，就读的学校或专业不理想；想家；同学间的关系处不好；见不到从前的好友；家庭经济困难；亲人有病或遇到麻烦事；感到学习上收获不大；感到书本知识脱离实际；为择业而烦恼；感到适应不了现代社会的竞争；为收不到同学的来信而烦恼；为每天晚上要上自习而烦恼。

情感上的自我体验以自我意识与自我评价为基础，当自我体验产生以后，种种喜怒哀乐的体验反过来又会影响自我意识和自我评价，影响对待自我的意向。

（三）自我意向的发展特点

在自我认识、自我体验的基础上，产生了个人对待自我的意向。大学生对待自我的意向，主要表现在以下四个方面。

（1）独立自主的意向。绝大多数大学生已度过18岁，他们自认为已达到法定的公民年龄，身体发育已经成熟，具有一定的科学知识与生活经验，已确立了一定的生活目标，掌握了一定的道德规范，并具有一定的独立分析问题和解决问题的能力。因此，大多数学生认为自己已是一个成年人，他们强烈要求像个成年人那样独立自主地行事，不愿受父母的约束和教师的训诫，希望按照自己所设计和选择的目标"走自己的路"。

（2）获得尊重的意向。这种希望获得别人尊重的意向，表现为在人格上得到别人的尊重，在能力上受到别人的赏识，在社会地位上受到别人平等的对待。大学生获得尊重的意向，使他们产生强烈的自尊心、荣誉心和好胜心，成为推动他们勤奋好学、拼搏进取的动力。但是，过分自尊的意向也不利于大学生的成长，会导致他们工作上的失利和在人际关系上受到的挫折。

（3）自我完善的意向。当大学生为自己设计了一个"理想的我"的形象和目标以后，他们就竭力要使自我形象得到圆满的实现，要把自己塑造成一个完美的人：既有优美的仪表与风度，又有美好的心灵；既有远大的理想和抱负，又有坚韧不拔的实干精神；既有渊博的知识与才干，又有开拓创新的进取精神；既有声誉，又有权位可以施展抱负等。这种自我完善、追求完美的愿望成为激励大学生努力向上的动力。但过分追求完美的意向也可能带来不利的影响，必须善于适时适度地调整。

（4）渴求理解的意向。由于青年同长辈出生和生活在不同的年代、不同的环境，产生了"代沟"。青年之间由于人格化的发展，形成了各自向深层发展的内部主观世界，使彼此的沟通和了解也增加了难度。因此，大学生觉得自己不被别人所理解，而他们又希望被别人理解。大学生这种渴望获得理解的意向可以成为他们追求真诚的友谊、追求异性朋友的重要动机，也可以使他们同集体的关系变得更加冷漠，以致陷入孤独和苦闷之中。

第三节 大学生良好自我意识的培养方法

一、大学生自我意识发展的影响因素

我国大学生自我意识的发展基本上是积极的、健康的，但发展的过程并非直线向上，而是有起伏的矛盾过程。自我意识的发展变化离不开整个社会环境与教育的影响，离不开学生自身的思维和实践体验。

（一）社会楷模的影响

自我成为一个什么样的人，总是离不开社会生活中各种楷模的影响。

但是，大学生受社会楷模的影响并不是像少年那样，对所喜爱或崇拜的人直接模仿，而是从众多社会楷模身上吸取有意义的、令人敬佩的内容，作为创造理想自我的素材。不同的时代有不同的楷模，他们对不同时代大学生自我意识中"理想的我"的形成起着重要作用。

大学生的思想已经围绕一些基本的观点形成了一个互相贯通的体系，他的理想同他的兴趣、爱好，以及崇敬的人物的理想都是相通的。由此也可看出，大学生建构的自我形象，并非来自对某一个人物楷模的直接模仿，而是从众多的楷模中吸取素材来创造的。因此，为了帮助大学生塑造"理想的我"的形象，引导大学生学习古今中外历史上为人类社会的进步和发展做出贡献的科学家、思想家、教育家和革命家的光辉形象，有利于大学生从中吸取建构"理想的我"的养料，尤其是引导大学生学习那些和他们年龄与角色相近的同时代青年英雄和杰出大学生的光辉事迹，对于他们建构"理想的我"的形象具有重要的作用。

（二）他人评价的影响

他人的评价是客观认识自己的一面镜子，可以帮助自己了解"现实的我"的形象，认识自己的长处和短处，知道自己在别人心目中是一个什么样的人，既是作为建构"理想的我"的依据，也是提高"现实的我"的重要参照。

大学生可以通过某些会议、竞赛评比、表扬与批评、学习成绩报告单等各种途径获得别人非正式的评价，这些评价都可能对大学生的自我意识产生影响。但是，别人的评价与大学生的自我评价总是会有一定的矛盾与距离，如何使别人的评价与大学生的自我评价趋于一致，从而为大学生所采纳，取决于许多因素。

（1）评价要从肯定优点入手，对大学生的优点与缺点进行全面的评价。即使是指出缺点，也应从肯定成绩和优点入手。在一般情况下，教育工作都应从正面对大学生进行肯定和鼓励出发，以激发其信心和斗志，不要一提优点就一笔带过，一讲缺点和错误就大做文章，这种消极的批评难以收到积极的效果。

（2）评价要从关心和爱护出发。出于爱护和关心的善意批评，即使是指出缺点和错误，也可能使人心悦诚服；而恶意的指责、指桑骂槐、冷嘲热讽就难以为人所接受。从关心和爱护出发的正面评价，常常能对大学生的自我实现产生强有力的激励作用。亲人、爱人、受敬重的人所做出的评价往往具有强大的激励作用。有时，一个有威望的教师或长者的肯定评价甚至可以成为大学生刻骨铭心的座右铭，鼓舞他不懈地奋斗终身。

（3）评价要尊重大学生的心理特点和人格。大学生是趋于成熟的青年，有强烈的自尊心和独立自主的人格。因此，对大学生的评价必须尊重他们的自尊心和人格。通过谈心或民主探讨的方式，使他人的评价与大学生自我的评价形成共识，有利于促进大学生自我意识的发展；而采取专制性的批评指责，并强加于人，就容易伤害大学生的自尊心，不仅会造成学生心理压抑和不满，甚至会产生逆反心理。

在对大学生进行评价前，还应该了解大学生自我评价的特点，才能进行有效地沟通，使别人的评价与大学生的自我评价趋于一致，从而达到提高自我认识的目的。

（三）个人实践的体验

大学生的自我意识是随着学习活动、课外活动和各种社会交往活动而不断发展的。他们通过实践活动增进对自我的认识，获得自我体验，并进一步修正自我观念，调整对自我的要求和自我实现的行动。

大学生对自我的评价和认识，通常并不是一次实践活动的直接结果，而是他们经过实践—认识—再实践—再认识来反复实现的。大学一年级的时候，许多学生对自我尚缺乏全面的、统一的、稳定的认识，对自我的评估一般偏高。经过几年学习生活实践的反复认识后，他们才形成了比较统一的、稳定的认识，形成了比较确定的自我观念。

（四）网络信息交流的影响

目前，我国使用网络的青少年日益增多，其中，大学生占了很大比例。现在，这些使用网络的大学生不仅受到教师和家庭的影响，也受到电视、电影等单向传播的影响，而且受到互联网络交流信息的影响。当他们坐在计算机前同国内外人士进行交流的时候，那种"老师讲、学生听"的传统教学方法顿显逊色，而"自我"的主体地位日益凸显。当他们操作电脑接收信息、处理信息和发布信息时，发挥着自己的主动性、探索性和创造性，培养了自己独立分析问题、解决问题和创新的能力，以一种前所未有的方式促进自我意识的发展。

二、大学生良好自我意识的培养

（一）建立正确的自我认知

客观全面地认识自我，实事求是地评价自我，是自我调节和人格完善的重要前提，是培养健全的自我意识的基础。自我评价是自我意识发展的主要成分和主要标志，是在认识自己的行为基础上产生的。自我评价是自我认识的核心成分，它直接制约着自我体验和自我调控，看不到自己的长处就很难有自尊、自信，看不到自己的不足就容易自我满足、自我膨胀。因此，进行自我意识训练，核心应放在自我评价能力的提高上。

1. 多元化的自我评价

当我们只看到自己的个别方面时，容易形成片面评价，往往不是过高就是过低。因此，要提高我们的自我评价能力，就要纠正单一的、片面的自我概念，树立全面的观点，多元地、全面地认识自己。我们不妨常常认真仔细地自我观察、自我分析，用尽量多的形容词描述自己，并忠于自己的内心。自我认识训练的重点应放在三个方面：第一，认识到自己的身体特征和生理状况。第二，认识到自己在集体和社会中的地位及作用。第三，认识到内心的心理活动及其特征。树立发展的观点，看到自己的变化与未来的发展。

2. 多渠道的自我评价

自我评价是从多方位、多渠道建立的，除了自己，还有来自他人的。比较是大学生自我评价的重要依据，每个人都会不自觉地与他人进行比较，大学生常常与同伴进行比较，通过比较做出评价。比较时，与谁比，比什么，怎么比等都很重要，如果选择不好，评价结果就容易走偏。因此，要学会合理地比较，这就需要有开阔的眼界、辩证的思路、发展的眼光、宽广的胸怀和高远的境界。

他观自我的描述，也是大学生自我评价的一个重要依据。眼睛看不见睫毛，自己很难全面看清自己，因此要多了解他人对自己的评价。多了解父母眼中的我、同学眼中的我、教师眼中的我、恋人眼中的我、兄弟姐妹眼中的我，再通过这些描述找出共同的品质，将其归类。描述的维度越多，就越能找到比较正确的自我。当然，有时别人也可能有误解，或只知其一不知其二，此时还需要自己头脑清醒。大学生自认为的他人的评价，影响大学生的自我评价，而这一点常常被大学生认为是真实存在的他人的评价，但事实上并不一定。

只有完成了客观全面的自我评价，成功解决了"我是谁""我将走向何方"的疑问后，青少年的自我同一性才能形成。自我同一性的形成标志着青年期的结束、成年期的开始。同一性完成了，也就实现了人格独立。

（二）培养积极肯定的自我体验

自我体验反映了主观自我的需要与客观自我的现实之间的关系。客观自我满足了主观自我的要求，就会产生积极肯定的自我体验，即自我满足；反之，客观自我没有满足主观自我的要求，则产生消极否定的自我体验，即自我责备。当个体体验到成功感时，就会产生积极的自我肯定，向更高的目标进取；反之，当个体体验到失败感时，则常会产生消极的自我否定，闷闷不乐，甚至放弃努力。可见，恰当的自我体验，对个体的身心发展具有重大的意义。

悦纳自我是培养积极的、健康的自我体验的核心。悦纳自我是对自己的肯定、认可，是建立在对自己的全面了解，认可自己的优点，同时接受自己的缺点的基础之上的，悦纳自我才能产生自我价值感。自我价值感是个体在关于自己价值的判断、评价基础上，形成的对自己的态度与情感，即自尊、自卑等自我情绪的体验。客观积极的自我价值感使人积极向上，努力实现自身价值。

成功体验与失败体验一般与工作是否取得成功有关，但它们还取决于个体的期望水平。这就是说，客观的我所取得的成绩虽然已达到了社会的水准之上，但能否产生成功体验，还要看主观的我对客观的我的要求，即期望水平。

一般来说，自豪感的体验是在个体意识到自己的行为与理想的自我形象相符合时产生的。羞愧感的体验是个体意识到自己的行为未能达到自己的理想形象的要求而产生的。

内疚与羞愧不同，羞愧是感到自己比不上他人，认为自己的智慧、努力不够，对社会贡献少于他人；而内疚是由于自己的行为违反社会道德准则，侵犯了他人利益而受到良心上的责备。

自信、自我价值感、成功体验、自豪感等都是令人愉快的、向上的积极自我体验，对人的社会实践具有积极意义，而适当的内疚与羞愧对个体减少消极的、不当的行为具有重要意义。积极自我体验的缺乏，以及不当的自我体验则对人的实践具有消极意义，甚至会引起心理问题，影响人格的健康和谐发展。个体可以通过调整认知、确定合理期望值、积极实践等方式培养积极的自我体验，减少消极的自我体验，保持乐观的心态。

（三）学会自觉的自我调控

1.明确社会要求

每个人只有立足社会的要求，从个人实际出发，使自己的行为和社会要求保持一致，才能得到社会的认可，有效的自我调控一定是建立在准确地理解社会要求基础上的。

2. 制订自我完善的计划和程序

自我完善不是一蹴而就的，它是一个复杂的、系统的过程，要有相应的计划和程序，才能避免盲目和不知所措，有了计划然后严格执行，才能使这个过程有条不紊地进行。

3. 培养良好的意志

意志是行动的保障，只有意志品质良好，才能有效地调节控制自我，不断接近理想自我。否则，自我的成长就停留在了认知的层面，成了空谈。良好意志品质具体表现在：自觉地确立自我调控的目标，果断地放弃与目标不符的想法与行为，并努力使自己回到正确的轨道上，自觉抵制诱惑使自己坚持正确的想法与行为，最终达成目标。

只有不断对照正确的认知，坚持正确的，去掉错误的，才能逐渐使自己的言行符合社会准则，成为一个高素质的、适应社会的人。自我调控的过程需要有恒心和毅力，还要有科学实用的方法，只有持之以恒，使用科学的方法，才能循序渐进、不断成长。

4. 勇于超越自我

大学是学习的黄金时期，也是人格成长的重要时期，如果任由自己的惰性停留在自己多年来形成的舒适区，那么就蹉跎了宝贵的时光。大学生有巨大的潜力和发展的可能性，每个人都需要认真思考"我要成为什么样的人"，这里不妨发挥一下"认同"的作用，按照设想的自己想要成为的人行事，再发挥一下积极暗示的作用，经常在内心对自己说"我就在表演我的榜样"，那么久而久之，自己身上就具有了一些榜样的特征。如果大学生能把握住大好年华，勇于尝试、自我雕刻、自我突破，那么每个人都会不断进步，遇见更好的自己。

大学生在自我调控过程中也要注意避免走极端,要认识到任何事情想完全达到至善至美是不可能的。所以,大学生对自己的未来尽量设定客观且实际的目标,从实现的过程中获取满足感和成就感。对自己充满自信,把事情做好的信心也会增强。

总之,大学生要培养健全的自我意识,就要客观地认知自我,自尊、自爱、自信,培养顽强的毅力,积极参加实践,不断地超越自我,完善自我,接受"昨天的我",珍惜"今天的我",努力塑造"明天的我",才能实现从"旧我"向"新我",从"小我"向"大我"的蜕变与成长。

第四章　高校学生人格发展教育

第一节　人格认知

人格又称个性，是指一个人的整体的精神面貌，即一个人在一定社会条件下形成的具有一定倾向的、比较稳定的独特人格心理特征的总和。

"人格"（personality）一词源于拉丁语"persona"，意指古希腊、古罗马时代戏剧演员在舞台上戴的面具，用来表现剧中人物的身份和性格。心理学沿用其含义，把一个人在人生舞台上扮演角色时，表现出来的种种行为和心理活动都看作是人格的再现。"人心不同，各如其面"，这句话说明了人格差异的普遍存在。

一、人格的主要特征

（1）整体性。人格的整体性是指构成人格的各种心理成分不是相互独立的，而是相互联系，构成了一个完整的功能系统。人格的整体性首先表现为各种心理成分的一致性。一个正常的人总是能及时地调整人格中的各种矛盾，使人的心理和行为保持一致。人格的整体性还表现在构成个体人格的各种成分中，有的是主要的，起主导作用；有的是次要的，起辅助作用，起主导作用的成分决定个体人格的基本特征。

（2）独特性和共同性。人格的独特性是指人与人之间的心理和行为是各不相同的。人格结构组合的多样性，使每个人的人格都有其特点。人格还具有共同性，由于共同的社会文化影响，同一民族、同一地区、同一阶层、同一群体的个体之间具有很多相似的人格特征。因此，人格是独特性和共同性相统一的整体。

（3）稳定性和可塑性。人格不是指一时表现的心理现象，而是指人在较长时期的社会实践中，由于适应或改变客观世界经常表现出来的人格心理，因而人格心理都是比较稳定的。但这种稳定是相对的，在具有决定意义的环境因素和机体因素发生改变时，不论是如何稳定的人格，都会发生一定的变化，具有不同程度的可塑性。

（4）生物性和社会性。人格的生物性是指人格是在人的自然生物特性的基础上发展起来的，人的生物性影响着人格发展的道路和方式，也决定着人格特点形成的难易。不过，人的生物性并不能决定人格的发展方向，对人格发展起决定作用的是个体的社会历史文化背景，这就是人格的社会性。

二、人格心理的结构

人格心理结构主要包括人格倾向性和人格心理特征两个方面。

（一）人格倾向性

人格倾向性是人格心理结构中最活跃的因素，它是一个人进行活动的基本动力，决定着人对现实的态度，决定着人对认识活动对象的趋向和选择。人格倾向性主要包括需要、动机、兴趣、理想、信念和世界观等。各个成分并不是孤立的，而是相互联系、相互影响的。

（二）人格心理特征

人格心理特征是一个人经常表现出来的、稳定的心理特点，集中反映了人的心理面貌的独特性。人格心理特征在心理过程中形成后又反过来影响心理过程。每个人的心理特征是不同的，因此人格表现也是千差万别的。人格心理特征包括能力、气质和性格，这些特征可以通过心理测验来了解和认识。

第二节　大学生人格心理的发展特征

根据现有的研究，人格的发展是遗传与环境两种因素交互作用的结果。一方面，遗传因素对人格的作用程度随人格特质的不同而异。通常在智力、气质这些与生物因素相关较大的特质上，遗传因素的作用较重要；而在价值观、信念、性格等与社会因素关系紧密的特质上，后天环境的作用可能更重要。另一方面，人既是一个生物个体，又是一个社会个体。人在胚胎状态时，环境因素的影响就已经开始了，这种影响会在人的一生中持续下去。后天环境的因素是多种多样的，小到家庭因素，大到社会文化因素，这些因素对人格的形成和发展都有重要的影响。

一、人格形成的影响因素

（一）生物遗传因素

由于人格具有较强的稳定性特征，因此人格研究者非常关注遗传因素的作用。许多心理学家认为，双胞胎研究（twin study）是研究人格遗传因素的最好方法。弗洛德鲁斯（Floderus）等人对瑞典的12000名双胞胎进行了人格问卷测试，结果表明，同卵双胞胎在外向和神经质上的相关系数是 0.50，而异卵双胞胎的相关系数只有 0.21 和 0.23。同卵双胞胎在外向和神经质上的相似性要明显高于异卵双胞胎，这说明遗传在这两种人格特质中显示了较大的作用。20 世纪 80 年代，明尼苏达大学对成年双胞胎的人格进行了比较研究，有些双胞胎是一起长大的，有些双胞胎则是分开抚养的，平均分开的时间是 30 年。结果是，同卵双胞胎的相关比异卵双胞胎的相关高很多，分开抚养的与未分开抚养的同卵双胞胎具有同样高的相关。结果显示，人格的许多特性都有遗传的可能性。

（二）家庭环境因素

以上研究结果显示出遗传是人格不可缺少的影响因素，但目前还难以得出明确的结论。艾森克（Eysenck）在研究中发现，在同一环境中成长的同卵双胞胎，其外向性的相关为 0.42；而分开在不同环境下成长的同卵双胞胎，其外向性的相关为 0.61。异卵双胞胎的外向性相关为 -0.17，说明环境在人格的形成中也起重要的作用。

在个体发展的早期阶段，家庭环境因素对人格的形成起着主导作用。许多精神分析学家认为，从出生到五六岁是人格形成的最主要阶段，这时一个人的人格类型已基本定型。在这个阶段，绝大多数儿童在家庭中生活，在父母抚养中长大。父母按照自己的意愿和方式教育孩子，使他们逐渐形成某些人格特质。

1. 父母的养育方式

（1）民主型。在这种养育方式下，父母与孩子在家庭中处于一种平等和谐的氛围中，给孩子一定的自主权和积极正确的指导。这类父母充分尊重孩子的意愿,既严格要求又不苛求子女,既有极大的爱心,又不盲目溺爱。在这种充满宽松民主、温暖和睦的氛围中成长的孩子,容易形成独立、坦率、自信、活泼、快乐、积极向上、善于交往、乐于合作、富于合作、彬彬有礼、思想活跃等心理品质。

（2）专制型。采用这种方式的父母在子女教育中表现得对子女过于专制,孩子的一切都由父母来控制。父母常常忽视子女的兴趣和要求,按照自己的意愿去支配子女;对子女有过高的期望,要求过分严厉;缺少宽容和理解。在这种压抑、紧张的氛围中长大的孩子,做事缺乏主动性,容易形成胆小、自卑、自责、过分追求完美、执拗、不诚实等性格特征。

（3）溺爱型。在这种教养方式下,父母通常对孩子过度保护、溺爱,让孩子随心所欲,百依百顺;低估孩子的能力,不让孩子自己去解决问题,一切包办代替。在这种家庭中成长的孩子,易形成任性、幼稚、自私、野蛮、无礼、独立性差、唯我独尊、蛮横无理、自我中心等性格,同时,还胆小、自卑、依赖性强,缺乏创新精神。

2.家庭成员的情感关系

家庭成员的相互关系,特别是父母的关系对儿童的人格形成有重要的作用。和睦、互相尊重、互相理解和支持的家庭氛围,对孩子的人格产生积极的影响。反之,父母间的争吵、隔阂、猜疑乃至关系破裂与离异,会对儿童产生消极的影响。

（三）早期童年经验

人生早期所发生的事情对人格会产生一定的影响。斯毕兹（Spitz）对孤儿院里的儿童进行了研究,发现这些早期被剥夺母亲照顾的孩子,长大以后在各方面的发展均受到影响。许多孩子患有"失怙性忧郁症",其症状表现为哭泣、僵直、退缩、表情木然。彼得森(Peterson)等人也在研究中发现,在儿童早期,父母的忽视和虐待对子女的心理有明显不良的影响。伯恩斯坦(Burnstein)提出,遗弃会使儿童产生心理疾病,形成攻击、反叛的人格。鲍尔比(Bowlby)对在非正常家庭成长的儿童和流浪儿做了大量的调查,得出的结论是,儿童心理健康的关键在于婴儿和年幼儿童与母亲建立的一种和谐而稳定的亲子关系。西方一些国家的调查发现,"母爱丧失"的儿童(包括受父母虐待的儿童),在婴儿早期会出现神经性呕吐、厌食、慢性腹泻、阵发性绞痛、不明原因的消瘦和反复感染,这些儿童还表现出胆小、呆板、迟钝、不与人交往、敌对、攻击、破坏等人格特点。这些人格特点会影响他们一生的顺利发展,并出现情绪障碍、社会适应不良等问题。

总之,人格发展受到童年经验的影响,幸福的童年有利于儿童发展健康的人格,不幸的童年会使儿童形成不良的人格。但两者不存在一一对应的关系,顺境可能使孩子形成不良的人格特点,逆境也可能磨炼出孩子坚强的性格。早期经验不能单独对人格起决定作用,它与其他因素共同决定着人格的形成与发展。

(四)社会文化因素

每个人都处在特定的社会文化环境中,社会文化对人格的影响是极为重要的。社会文化塑造了社会成员的人格特征,使其成员的人格结构朝着相似性的方向发展,这种相似性具有维系社会稳定的功能,又使得每个人能稳固地"嵌入"到整个文化形态里。社会文化对人格的影响力因文化而异,这要看社会对顺应的要求是否严格。越严格，其影响力越大。影响力的强弱也要看行为的社会意义，对于社会意义不大的行为，社会允许较大的变异；而对社会意义十分重要的行为，就不允许有太大的变异。如果一个人极端偏离其社会文化所要求的人格特质，不能融入社会文化环境中，就可能被视为行为偏差或患有心理疾病。

二、大学生人格的一般特征

由于大学生群体与社会的其他青年群体相比，在知识、智力和教育环境等方面有所不同，因此表现在团体人格上也有所差异；另外，中国大学生与外国大学生相比，由于社会文化因素的重大区别，因而也呈现出不同的人格特征。

国内学者用修订过的"加利福尼亚心理调查表"（CPI-RC）对北京大学、清华大学、北京师范大学等几所高校的1100名大学生进行了调查，结果表明：

（1）我国大学生在谦让、克己、忍耐、谨慎、负责等人格特征方面表现突出，说明他们与现实社会有良好的适应性，能较好地处理社会、他人和自我的关系。

（2）我国大学生在处理人际关系时，通常会首先考虑社会和他人，但也绝不是一味地追求来自社会的赞许。他们并不过分掩饰自己，而是表现出敢于面对现实、尊重事实的特点。

（3）我国大学生在支配与冲动特点方面表现不突出，在社交方面倾向于积极进取，他们具有稳健、从众的人格特点，具有良好的社会化程度。虽然他们在聪慧、敏感等与智力有关的人格特征方面表现较好，但他们的

"独立成就"和灵活性得分均较低。

（4）不同学科大学生的人格特征以及性别差异，均有各自的相对独特性，表现如下：①文科大学生中男、女生的人格特征为综合型，无论在支配、冲动、自信、外向等方面，还是在谦让、克己、忍耐、谨慎等方面均兼而有之。不过，相对而言，男生表现前者较多，女性在独立性、敏锐等方面较弱。②大学生中，理科男生与文科男生相似，但女生在谦让、克己、忍耐、谨慎、内向等方面较突出。男、女生在独立性、聪慧、敏锐等人格特征方面无显著差异。③工科大学生中男生在支配、冲动、自信、外向等方面占优势，但在独立性、聪慧、敏锐等方面与女生无明显性别差异。④农科大学生中男生的人格特征在中庸、从众等方面较突出，在支配、冲动、自信、外向等方面比女生强。女生则在谦让、克己等方面较突出，而在聪慧、敏锐方面弱于男生。⑤医科大学生中男、女生的人格特征基本一致，他们在支配、冲动、自信、外向等方面相对较弱。

三、大学生主要人格类型特征

（一）大学生主要气质类型

在学校里我们经常会观察到学生的情绪和活动有不同的外部表现。有的学生精力充沛、爱说爱动、容易激动，有的学生活泼敏捷、表情丰富、兴趣广泛而容易变化，有的学生冷静稳重、反应迟缓、情感不易外露，有的学生感情脆弱、说话声音小、动作无力。心理学上把这种表现在情绪和活动发生的强度与速度方面的特点，叫做气质。学生的气质可能有许多混合型，但基本上可以划分为四种类型：

（1）多血质。这种气质的特点是活泼、好动、敏感、反应迅速、喜欢与人交往、注意力容易转移、兴趣容易变换。

（2）胆汁质。这种气质的特点是直率、热情、精力旺盛、易于冲动、动作剧烈。

（3）黏液质。这种气质的特点是安静、稳重、动作缓慢、不易激动、情绪不容易外露。

（4）抑郁质。这种气质的特点是孤僻、行动迟缓、体验深刻、能觉察出别人觉察不到的细微事物。

（二）大学生性格的类型及特征

根据"力必多"（Libido，性欲）的倾向来划分，性格可以划分为外倾型与内倾型。外倾者被"力必多"引向客观外部环境的知觉、思维和情感之中，外倾者情感外露、注重实际、善于交际、活泼开朗、对周围的一切兴趣广泛；内倾者被"力必多"引向主观的内心世界而产生自我感知、思维和情感，他们谨慎小心、深思熟虑、顾虑重重、冷漠寡言、不善于交际，这两种基本倾向具有四种心理机能，即思维、情感、感觉和直觉。思维是由彼此联结的观念组成，受伦理、法则的支配；情感是一种价值判断的功能，它是一种根据表象唤起的愉快与不愉快的体验；感觉是通过感官刺激而产生的经验；直觉是一种直接把握到的，而不是作为思维和情感的结果产生的经验。这四种心理机能的支配形成了性格的八种类型：

（1）外倾思维型。这种人重视理解自然现象和客观事物的规律，重思考而不重感情，喜欢分析问题，处理问题讲求逻辑顺序，有判断和鉴别能力。

（2）内倾思维型。不关心外界现实，以自我为主，情感冷漠，与人疏远，倔强偏执，不体谅他人。

（3）外倾情感型。这种人容易感情用事，情绪反应强烈，热情奔放，爱浮华虚饰，喜怒无常。

（4）内倾情感型。情感沉着、不向外表露、沉默寡言、对人冷淡、有抑郁情绪，有时表现为恬静、深沉，给人以自信自足之感。

（5）外倾感觉型。依据感觉估量生活价值，讲究实际，情感体验肤浅，对事物存在的意义不做更多地思考。

（6）内倾感觉型。不能深入事物的内部，重视个人内心的感觉，在事物与自我之间凭借知觉观察一切，缺乏实际的思想和情感。

（7）外倾直觉型。这种人凭直觉观察事物和解决问题，不安于稳定的情境，不能保持长久地追求对工作目标的兴趣，对反复出现的日常事务容易厌倦，不断转移方向。

（8）内倾直觉型。不关心外部事物，以自己的意象为主，从一个意象跳跃到另一个意象，而又不能超出个人直觉的范围，内心充满幻想。

第三节　大学生人格心理的辅导工作

一、大学生常见的人格障碍

（一）人格障碍一般特征

人格障碍（personality disorder），也称病态人格，是一种人格发展的内在不协调，是在没有认知过程障碍或没有智力障碍的情况下出现的情绪反应、动机和行为活动的异常。

具有人格障碍的人与周围社会环境之间也是不协调的。他们常常与周围的人，甚至是自己的亲人发生冲突；在生活和工作中不能和同事友好相处；对工作缺乏责任感和义务感，经常玩忽职守，甚至超越社会的伦理、道德规范，做出扰乱他人或危害社会的行为，以致无法适应正常的社会生活。

（1）有紊乱不定的心理特点和与人难以相处的人际关系，如偏执怀疑、自我爱恋、被动、攻击等。

（2）把自己遇到的一切困难都归咎于命运和别人的错误，把社会和外界对自己不利的条件都看作是不应该的，对自己的缺点却无所觉察，也不改正。

（3）自我中心，认为自己对别人不负任何责任，对自己不道德的行为没有罪恶感，对伤害别人的行为不后悔，对自己的一切行为都执意地偏袒与辩护，以自己的利益为中心，而不能设身处地地体谅他人。

（4）在任何环境中都表现出猜疑、仇视和偏颇的看法，难以改变病态观念。

（5）缺乏自知，当行为后果伤害他人时，自己却泰然自若，毫无感觉。

（6）一般意识清醒，无智力障碍。

（7）幼年开始，一旦形成难以改变。

（二）人格障碍的成因

人格障碍可能是生物、心理和社会文化等因素共同作用而形成的。在人格的发展过程中，儿童早期的环境和家庭教育是非常重要的因素。儿童人格的发展与父母的态度有很大关系，父母过于严厉，儿童往往容易形成焦虑、胆怯的性格；反之，过于溺爱往往形成被动、依赖、脆弱的性格。对儿童的不合理教养和不良生活环境的影响以及童年的某些创伤都可能对儿童人格的发展产生严重的影响。此外，某种特殊的社会、文化环境的潜移默化的影响，也是形成人格障碍的因素。目前人格障碍的成因尚未完全清楚，但它是内外环境多种因素的相互影响，经过长期塑造而形成的，这一点是毫无疑问的。

1. 遗传因素

从调查中发现，人格障碍患者在同一家庭内发生的较多，这类人的亲属中人格障碍者的发生率与血缘关系成正比，即血缘关系越近，发生率越高，这是卡尔曼（Kallmann）1930年在家谱调查中发现的。斯莱特（Slater）调查8对同卵双胞胎和43对异卵双胞胎发现，发生病态人格或神经症的共病率分别为25%和20%。1972—1973年，有三组关于寄养研究的报道。人格障碍患者的子女从小寄养出去的与正常对照组相比，前者有较高的人格障碍发生率。这些说明遗传因素在起一定作用。

2. 病理生理因素

人格障碍者的脑电图已被多次研究，发现其异常率均较一般人的要高。这种脑电图的异常表现在两侧节律性慢波活动过度。这提示人格障碍者的大脑皮层成熟延迟，也就是控制冲动和社会意识成熟延迟。人格障碍者一般到中年后情况改善，这与大脑皮层成熟程度增加有一定关系。

3. 社会环境因素

现代社会上一些金钱至上、个人主义、享受主义、自由化、性解放等腐朽没落的观念对青少年的不良影响是不容忽视的。

另外，家长特别是父母不正确的教养态度、不良的环境和学校教育方式是人格障碍产生的重要原因。

不良的父母养育方式和家庭环境因素与大学生人格障碍的形成有明显

的关系。父母不适当的养育方式是造成人格障碍的危险因素。比如父母对子女的惩罚、归罪、羞辱以及当众过分批评、责骂甚至体罚等行为，子女在家中被父母当作"替罪羊"或"出气筒"，父母对子女刻薄和吝啬等，都属于不适当的养育方式和行为。这些行为易使子女产生自卑感、无助感和不安全感，使他们在社会交往中害怕失败和被拒绝，过多地把注意力集中在避免被别人否定，同时表现出较强的逆反心理，对周围环境容易产生对立情绪，容易记仇报复，这些都使这种人成为发生人格障碍高危险性的群体。父母关系不和睦、单亲家庭、家庭经济收入过低、独生子女等都是导致人格障碍的危险因素。父母关系不和睦或父母离婚会使子女有残缺感、不安全感，导致敏感多疑、自卑、敌意、偏执，焦虑水平较高，很难与环境建立有意义的联系，因此易于发生人格障碍。

（三）大学生常见人格障碍类型及表现

根据人格障碍的不同表现，可将人格障碍分为不同类型。各种人格障碍的具体表现如下。

1. 分裂型

情绪表现冷漠、疏离，对他人表达温情、体贴或愤怒的能力有限。对批评或表扬都无动于衷，几乎总是单独活动，过于沉溺于幻想和内省，与人不能建立相互信任的关系，因为这些特质，所以往往选择不需与人接触的工作。

2. 爆发型

爆发型人格也称冲动型人格，主要特征是行为冲动不计后果，伴有情绪不稳定、喜怒无常，事先计划的能力差。强烈的愤怒爆发常导致暴力，做出破坏和伤人等攻击行为。

3. 偏执型

偏执型人格又叫妄想型人格，其行为特点常常表现为：思想行为固执死板，敏感多疑、心胸狭隘；爱嫉妒，对别人获得的成就或荣誉感到紧张不安；过分自负，自以为是，自命不凡，对自己的能力估计过高，惯于把失败和责任归咎于他人；同时又很自卑，总是过多过高地要求别人；不能正确、客观地分析形势，有问题容易从个人感情出发，主观片面性强；忽视或不相信与本人想法不相符合的客观证据，因而很难以讲道理或摆事实来改变他的想法。

4. 强迫型

这类人平时常有不安全感和不完善感，过分认真、过分注意细节、过分自我克制和自我关注，责任感过强，常常追求完美，同时又过分墨守成规，缺乏随机应变的能力，过分拘谨和小心翼翼。在处事方面，由于过于谨小慎微，常常顾虑小事而忽略大事。并常要求别人按自己的方式办事，以致妨碍别人的自由。遇事优柔寡断，难以做出决定。

5. 癔病型

癔病型人格障碍的主要特点：①活泼好动，性格外向，不甘寂寞。②与他人交往时感情用事，感情胜过理智。③这些人常常奇装异服，在服装上追时髦，"赶新潮"，目的是吸引别人对自己身体的注意。④具有表演才能，他们平时与人接触交往，就像一位戏剧演员在舞台上演戏一样，表情丰富，谈话内容过分夸张。⑤自我中心，在人际交往中只考虑自己的需求，丝毫不考虑别人当时的实际情况，为此常常造成人际关系紧张。⑥对人际关系的亲密性看得超过实际情况。⑦在人际关系受挫折或应激情况下，较易产生自伤行为。其自伤行为一般程度较轻，常常只是表皮划伤等，较少见伤及深部的血管和神经，带有表演性。⑧暗示性增强，很容易受他人或周围情境的影响，这与他们在日常生活中缺乏冷静分析的头脑有一定关系。

表演型人格障碍一旦形成，目前的治疗方法很难将其彻底改变。但经过较长时间的心理治疗，对改善紧张的人际关系，是有一定效果的。

6. 退缩型

退缩型人格又称逃避型人格，其最大特点是行为退缩、心理自卑，面对挑战多采取回避态度或无能应对。具体表现如下：

（1）很容易因他人的批评或不赞同而受到伤害。

（2）除了至亲之外，没有好朋友或知心人。

（3）除非确信受欢迎，一般总是不愿卷入他人事务之中。

（4）行为退缩，对需要人际交往的社会活动或工作总是尽量逃避。

（5）心理自卑，在社交场合总是缄默无语，害怕遭人笑话，怕回答不出问题。有退缩型人格障碍的人被批评指责后，常常感到自尊心受到了伤害而陷于痛苦，且很难从中解脱出来。

（6）敏感羞涩，害怕在别人面前露出窘态。他们常常害怕参加社交活动，担心自己的言行不当而被人讥笑讽刺，因而，即使参加集体活动，也多是躲在一旁沉默寡言。

（7）在做那些普通的但不在自己常规之中的事时，总是夸大潜在的困难、危险或可能的冒险。在处理某个一般性问题时，他们往往也表现得瞻前顾后、左思右想，常常是等到下定决心时，却又错过了解决问题的时机。在日常生活中，他们多安分守己，从不做那些冒险的事情，除了按部就班地工作、生活和学习外，很少去参加社交活动，因为他们觉得自己的精力不足。

退缩型人格形成的主要原因是自卑心理。心理学家认为，自卑感起源于人的幼年时期，由于无能而产生的不胜任和痛苦的感觉，也包括一个人由于生理缺陷或某些心理缺陷而产生的轻视自己、认为自己在某些方面不如他人的心理。这种自卑感如果得不到妥善消除，久而久之就成了人格的一部分，造成行为的退缩和遇事回避，形成回避型人格障碍。

（四）人格障碍的矫正方法

人格障碍一般形成于童年或少年时期，并且具有人格障碍的人，其内心体验背离生活实际，所以矫治比较困难。目前在我国主要的对策是实行"综合治理"，即通过家庭、社会、学校的共同努力，尤其是使本人有所认识，积极配合，并不懈地努力改造。同时配合心理治疗，如认知疗法、行为疗法、集体疗法等均有一定的作用。对于人格障碍的预防，首先要提倡正确的父母养育方式，创造和睦温馨的家庭环境；同时应重点培养独生子女的独立性，纠正不良的行为习惯，促进人格健康发展。鉴于父母关系不和睦、单亲家庭对青少年人格形成有消极影响，父母、教师和有关社会工作者应关心不和睦家庭和离异家庭的青少年，为他们提供足够的心理支持和社会关爱。大学生心理发展正处在由不成熟向成熟的过渡阶段，心理机能容易失衡。对有人格障碍的学生应给予心理咨询和心理治疗，提高他们的社会适应性以及对困难、挫折的认知水平和心理应对能力，使他们能以积极的态度面对人生，适应大学生活。

二、培养健全人格的主要途径——自我塑造

人格的形成是以一定的遗传素质为自然前提的，但环境因素和自我努力在人格的形成和完善中起决定性作用。大学生的自我意识已趋于成熟，因此，自我塑造是培养健全人格的主要途径。

（一）了解自己人格类型的特点

人格的培养和塑造，其最终目的是改正缺点，吸收优点，不断完善自我。因此，应清楚地了解自己的人格，并采用扬长避短的原则，发扬自身良好品质之长，而对自己人格中的缺点或不足则要努力克服，逐步形成健全的人格。

就气质类型的特点来看，气质类型本身没有好坏之分，每一种气质都有积极的方面和消极的方面。比如，胆汁质的人容易发生迅速有力的动作，形成勇敢、爽朗等积极品质，但也容易形成粗心、暴躁等消极品质。黏液质的人容易形成稳重、坚毅、有耐心的积极品质，但也容易形成冷淡、固执、拖拉等消极品质。多血质的人容易形成活泼、机敏、爱交际、富于同情心等品质，但也容易形成轻浮、精力分散、注意力不稳定、忽冷忽热等消极品质；抑郁质的人容易形成细心、观察力敏锐、善于察觉别人不易察觉的细小事物、做事小心、情感细腻等积极品质，但也容易表现出耐受力差、胆小怕事、不爱交际、孤僻、怯懦、多疑等消极品质。因此，大学生在了解自己的气质类型和特点基础之上，应努力使自己向积极方面发展。

（二）学会自我教育

健全人格自我塑造的一个很重要的途径就是帮助大学生学会自我教

育，因为自我教育是其他教育和环境影响的内化和深化，是人格形成中由被动变为主动的过程。其主要内容和方法包括以下三个方面。

1. 学会反省

在自我教育的过程中，大学生要学会自我反省，即经常地反省自己的思想和言行。在自我反省的过程中，首先要学会客观地、全面地认识自己和评价自己，既不要自我膨胀，也不要自我贬低；既要善于发现自己的长处，也要敢于承认自己的短处。

2. 培养自我调控能力

大学生的主体意识表现为强烈的内在心理需求与外部行为方面的主动性。自我调节是指通过主动按照自己的实际情况与社会的要求，对自己的思想、道德、学习及行为提出具体的奋斗目标，并对自己的活动进行有意识、有目的的调控。自我调节体现了大学生的自觉性、自信心和主体意识，它能激发大学生的内在潜能，充分调动其主观能动性，使其自身的成长与社会要求相适应，从而获得最佳的成长环境。在自我调节的具体过程中，大学生应从自己的实际情况出发，在学习、活动、性格发展等实践方面，不断学会自己教育自己，自己管理自己，从而增强自我调控能力。

学习自我控制，还要对环境的影响保持自己相对的独立性。不论对人对事情都应该有自己的主见，按照自己的信念去行动，而不是随大流，别人怎么看，我也怎么看，别人怎么做，我也跟着去做。特别应该提出的是，在当前社会变迁、价值多元化、各种思潮的涌现以及各种生活方式竞相呈现在人们面前的时代，大学生应接受环境中积极的影响，经受住各种不良的诱惑，提高自己抗拒不良诱惑的能力，只有如此，才能使自己的观念、价值观等不受干扰，使自己的个性健康发展。

3. 保持良好的心境

在自我教育中，要学会保持自己良好的心境。在日常的学习生活中，应主动培养健康的生活情趣，合理调节自己的情绪，保持积极、乐观的心境。一般而言，一个人偶尔心情不好，不至于影响其性格。但若经常地生气、发脾气，为一点小事也大动肝火，那就容易形成暴躁易怒、神经过敏、冲动、沮丧的性格特征。因此，大学生要乐观地去对待生活，丰富愉快的生活体验，培养幽默感。即使是遇到困难和挫折时，也要从积极的一面去思考问题。即使身处逆境，也不要埋怨生不逢时，不要怪罪别人没有照顾自己，而应学会正视现实，敢于面对挑战，采取积极、进取的态度去适应环境。

（三）增强应对挫折的承受力

挫折是指人们在某种动机的推动下想要达到目标而受到阻碍，因无法克服而产生的紧张状态和情绪反应，如沮丧、焦虑等。挫折承受力则是指个体遭到挫折时，能摆脱困扰而免于心理与行为失常的能力，也就是个体经得起打击或经得起挫折的能力。加强挫折教育、增强挫折承受力，对健全人格的培养有着重要的意义。

1. 确定合适的抱负水平

人要有理想和抱负，但理想和抱负不可漫无边际。在现实生活中，有相当多的挫折是自己造成的，其主要原因之一就是自我评价和自我期望太高，预期的抱负水平超出了自己的能力，久而久之会产生"习得性无助感"，最终放弃自己的努力。因此，应学会客观、全面地评价自我，并经常将自己的优缺点与社会的要求进行综合分析，以确定合适的抱负水平，量力而行，从而增加成功的机会，恢复自信心。

2. 调整认知，改变归因

所谓归因是指人们把自己的行为或结果加以解释或推测的过程。通常人们活动成败的原因主要有四个方面，即能力高低、努力程度、任务难易、运气好坏。如果将失败归因于外在的可控制因素，则有助于增强自我效能感。

3. 接受自我，悦纳自我

心理学实验研究表明，自我认识同其本身实际情况愈接近，个体所表现的自我防御行为就越少。同样，个体自我接受的态度与防御行为的关系也极为密切，一个不能接受自己的人，往往会对以这种或那种方式损害自己人格的一切因素都特别敏感，这些因素也最容易引起他们的心理挫折，因此，应正确地认识自我、悦纳自我。

首先必须有自知之明，对自己的各方面有一个客观、全面的评价。在此基础上学会接受自己，不对自己提出苛刻的期望和要求，自己的生活目标和理想符合实际情况，对自己总是感到满意。同时努力发挥自己的优势、潜能，即使对于自己无法弥补的缺陷，也能泰然处之。总之，要使"理想的我"和"现实的我"之间的差距尽可能缩小，进而愉快地接受现实中的"我"。另外，大学生都有强烈的自尊感，但要注意避免过分追求完美的倾向。过分追求完美常常表现在两个方面：一是对自己提出过高要求，离开了自己的实际情况，从而使自己的"完美期望"受到挫折，增加了适应的困难。二是对自己苛求，希望自己完美无缺，对自己"不完美"的地方过分看重，甚至把人人都会出现的、人人都会遇到的问题看成自己"不完美"的表现，从而影响了自己的情绪和自信心。应该承认，每个人都希望自己是完美的，也不同程度地追求完美，但在追求完美的过程中，应允许自己有一点"不完美"的表现。

4. 以积极的态度对待挫折

在人生经历的漫长道路上，谁都会遇到各种挑战和逆境，都会受到不同程度的挫折，因此要有承受挫折的思想准备，这样遭受挫折时才会有克服困难的勇气。同时，还要学会用辩证的眼光去看问题，认识到任何事物都有正反两方面，挫折既可能产生沮丧情绪，也可能使人在挑战和逆境中提高应变能力。因此，当面对挫折时，不恐慌，不逃避，不气馁，以积极的态度对待挫折，并及时总结失败的经验教训，在哪里摔倒，就从哪里爬起，不断提高自己对挫折的承受能力。

（四）积极参与社会实践，培养良好习惯

人的任何目标都要通过实践才能达到，大学生正处在自我意识的高度发展阶段，内心都希望独立自主，希望参与学校活动和社会实践。只有亲身参与各种社会实践活动，大学生才能加深社会认同和理解，真正增强自己的社会责任感。此外，社会是个大舞台，每个人最终都要在这一舞台上扮演自己的角色，只有到社会生活中去锻炼，才能把握好自己的角色行为，形成自己独特的人格。因此，大学生在完成好自己学业的首要前提下，应积极参与学校组织的社会学习实践和科研活动，以尽快地适应未来的社会角色。

另外，健全的人格体现在良好的行为方式中，心理学研究也证明，良好习惯的形成有助于改变人格的内在品质和结构。因此，健全人格塑造的另一个重要途径就是培养良好的习惯。首先要确定合理的目标榜样模式，因为榜样的力量是无穷的。在实际操作中，可模仿现实生活中具有良好个性的人，取其精华作为自己的目标或榜样，从点滴小事做起，锲而不舍，经过长期艰辛的锻炼，实现自己确定的健全人格的目标。

（五）扩大社会交往，建立良好的人际关系

众所周知，不良的个性品质对个体社交的影响很大。一个开朗热情、为人诚恳、尊重他人、富于同情心的学生，大多能很好地适应各种社会交往，能比较容易得到群体和他人的接纳。相反，具有为人虚伪、自私自利、不尊重他人、猜疑、报复、固执等不良性格倾向的人，会使他人在与之交往中产生不安全、紧张、不信任等不良反应。因此，和谐的人际关系既是大学生心理健康不可缺少的条件，也是大学生人格塑造的重要途径。在交往过程中应注意以下三个方面。

一是真诚热情。在人际交往中，热情能给人以温暖，能促进人的相互理解，因此，待人热情是沟通人的情感，促进人际交往的重要心理品质。人际交往中，若对方感到了自己的真诚与热情，显然也会给予肯定的评价。所以在交往中，不但需要饱满的热情，同时又坦诚言明自身的利益，显得真诚而又合情合理。这样，自然会得到对方的接纳。

二是彼此信任。信任就是要相信他人的真诚，从积极的角度去理解他人的动机和言行，而不是胡乱猜疑，相互设防。信任他人必须真心实意，而不是口是心非或虚情假意。

三是肯定对方。人类普遍存在着自尊的需要，只有在自尊心高度满足的情况下，才会产生最大限度的愉悦，才会在人际交往中乐于接受对方的态度、观点。大学生都有较强的自尊心，因而在交往中首先就必须肯定对方，尊重对方，这是成功交往的重要因素之一。

（六）在业余爱好活动中培养健全的人格

历史上，那些在科学上有重大建树的科学家们也并非整天埋在书堆里，

爱因斯坦喜欢拉小提琴；居里夫人爱好旅行、游泳、骑自行车；苏步青爱好写诗，喜欢音乐、戏曲和舞蹈。可见，丰富多彩的兴趣、爱好不仅不会妨碍人们的事业发展，相反，业余爱好可以培养人们的高尚情操，潜移默化地作用于我们的学习、生活和工作。对大学生而言，在保证自己的学习和社会工作完成的前提下应该去发展健康、高尚、有益于知识的增进和性格的培养的兴趣。例如，可以选择音乐、舞蹈等业余爱好，培养自己开朗活泼的性格；也可以选择游泳、足球、武术等运动项目，培养自己勇敢的性格；此外，还可以通过参加棋类、绘画、书法等活动，培养自己耐心细致的个性品质。

第五章　高校学生创新思维能力培养

第一节　创新思维概述

纵观世界，新一轮科技革命和产业变革正在孕育兴起，在信息技术和"互联网+"的推动下，我国正形成新一波大众创业、万众创新的新浪潮。大学生应该积极响应时代的召唤，培养创新意识、创新精神，努力成长为创新人才，投入创新创业的时代洪流中。

一、创新思维的定义

创新思维是指以新颖独创的方法解决问题的思维过程，通过这种思维能突破常规思维的界限，以超常规甚至反常规的方法、视角去思考问题，提出与众不同的解决方案，从而产生新颖的、独到的、具有社会意义的思维成果。

创新思维的本质在于将创新意识的感性愿望提升到理性探索上，实现创新活动由感性认识到理性思考的飞跃。它具有独创性、超前性、变通性、敏感性的特征。

创新思维是创新的核心和基础，对创新成功有着非同寻常的意义。大量试验表明，进行专门性、创造性思维训练，可以使人们的创造性思维水平提高 10% ~ 40%。了解创新思维，掌握创新思维训练方法，对提高人们的创造能力具有重要的意义。

二、创新思维的特征

（一）独创性或新颖性

创新思维贵在创新，或者在思路的选择上，或者在思考的技巧上，或者在思维的结论上，具有"前无古人"的独到之处，具有一定范围内的首创性、开拓性。

（二）灵活性

创新思维没有现成的思维方法和程序可循，所以，它的方式、方法、程序、途径等都没有固定的框架。进行创新思维活动的人在考虑问题时可以迅速地从一个思路转向另一个思路，从一种意境进入另一种意境，多方位地试探解决问题的办法，如此一来，创新思维活动就表现出不同的结果或不同的方法、技巧。

（三）艺术性

创新思维活动是一种开放的、灵活多变的思维活动，它的发生伴随有"想象""直觉""灵感"之类的非逻辑、非规范的思维活动，具有极大的艺术性，他人不可能完全模仿、模拟。

（四）对象的潜在性

创新思维活动从现实的活动和客体出发，但它的指向不是现存的客体，而是一个潜在的、尚未被认识和实践的对象。

三、创新思维的类型

创新思维的类型多种多样,主要介绍以下三种。

(一)发散思维

1. 发散思维的概念

发散思维又称"辐射思维""放射思维""多向思维""扩散思维"或"求异思维",是指从一个目标出发,沿着各种不同的途径去思考,探求多种答案的思维。不少心理学家认为,发散思维是创造性思维最主要的特点,是测定创造力的主要标志之一。

发散思维是大脑在思维时呈现的一种扩散状态的思维模式,比较常见,它表现为思维视野广阔,思维呈现出多维发散状。通过从不同方面思考同一问题,如"一题多解""一事多写""一物多用"等方式,培养发散思维能力。

2. 发散思维的类型

(1)立体思维。思考问题时跳出点、线、面的限制,立体式进行思维。

1)立体绿化:屋顶花园增加绿化面积、减少占地、改善环境、净化空气。

2)立体农业、间作:如玉米地种绿豆、高粱地种花生等。

3)立体森林:高大乔木下种灌木、灌木下种草、草下种食用菌。

4)立体渔业:网箱养鱼充分利用水面、水体。

5)立体开发资源:煤、石头、开发产品。

(2)平面思维。平面思维是指人的各种思维线条在平面上聚散交错,也就是哲学意义上的普遍联系,这种思维更具有跳跃性和广阔性,联系和想象是它的本质。人们通常所说的形象思维属于平面思维的范畴。

我国古代著名人物诸葛亮，善于用"兵"是众所周知的，一般人可能认为只有"人"才可以当"兵"用，但在诸葛亮的思维中，水、火是"兵"，草、木皆"兵"，更可以借东风以作"兵"用，他可以想到比"人"更多的事物当"兵"来用，这就是平面思维的效果。

阿基米德浮力定律的产生正是阿基米德联想到了用"水"的方法来解决皇冠之谜。用一支笔在一张纸上一笔可以画出圆心和圆周就是一种平面思维：将纸折起，在圆心位置骑正反面两张纸画圆心，在纸背画出圆的半径，绕半径画圆，将纸展开则成。

（3）逆向思维。悖逆通常的思考方法，即从相反方向思考问题的方法，也叫作反向思维。因为客观世界许多事物之间甲能产生乙，乙也能产生甲，如化学能可以产生电能，电能也可以产生化学能。据此，意大利科学家伏特于1800年发明了伏特电池；相反，电能也能产生化学能，通过电解，英国化学家戴维于1807年发现了钾、钠、钙、镁、锶、钡、硼七种元素。

如说话声音的高低能引起金属片相应的振动，相反金属片的振动也可以引起声音高低的变化。爱迪生在对电话的改进中，发明制造了世界上第一台留声机。

（4）侧向思维（旁通思维）。从与问题相距很远的事物中受到启示，从而解决问题的思维方式。19世纪末，法国园艺学家莫尼哀从植物的盘根错节想到水泥加固的例子。当一个人为某一问题苦苦思索时，在大脑里会形成一种优势灶，一旦受到其他事物的启发，就很容易与这个优势灶产生联系，从而解决问题。

（5）横向思维。相对于纵向思维而言的一种思维形式。纵向思维是按逻辑推理的方法直上直下的收敛性思维；而横向思维是当纵向思维受挫时，从横向寻找问题答案。正像时间是一维的，空间是多维的一样，横向思维与纵向思维代表了一维与多维的互补。最早提出横向思维概念的是英国学者德博诺，目的是针对纵向思维的缺陷，提出与之互补的、对立的思维方法。

例如，游客有时会从希腊雅典帕台农神庙的古老立柱上砍下一些碎片，引起雅典政府的注意，虽然明知这种行为是违法的，但是游客仍旧把碎片作为纪念品带走。如何才能阻止这一行为呢？

于是，政府从原来维修帕台农神庙时所用的矿石场里收集了一些大理石碎片，每天把这些碎片散放在帕台农神庙的周围。游客以为他们捡起来的碎片是从古老的立柱上掉下来的，很满意地带走了。

（6）多路思维。多路思维是指对一个有多种答案的问题，朝着各种可能解决的方向，去扩散性思考该问题各种正确答案的思维。从不同角度、不同逻辑起点、不同思维程序考察客观事物，形成多方面、多层次、多因素、多变量的整体认识。

解决问题时不是一条路走到黑，而是从多角度、多方面思考，这是发散思维最一般的形式（逆向、侧向、横向思维是其中的特殊形式）。

例如，以"电线"为蓝本，设想它的各种用途，学生们自然地将它和"电、信号"等联系起来，作为导体；也可以将它当作绳用来捆东西、扎口袋等。但如果将电线分成铜质、质量、体积、长度、韧性、直线、轻度等要素再去思考，就会发现电线的用途无穷无尽。如可加工成织针，弯曲做鱼钩，可以做成弹簧，缠绕加工制成电磁铁，铜丝熔化后以铸铜字、铜像，变形加工可以做外文字拼图，做运算符号进行运算等。

（7）组合思维。从某一事物出发，以此为发散点，尽可能多地与另一（一些）事物联结成具有新价值（附加价值）的新事物的思维方式。

第一次大组合是牛顿组合了开普勒天体运行三定律和伽利略的物体垂直运动与水平运动规律，从而创造了经典力学，引起了以蒸汽机为标志的技术革命。第二次大组合是麦克斯韦组合了法拉第的电磁感应理论和拉格朗日、汉密尔顿的数学方法，创造了更加完备的电磁理论，从而，引发了以发电机、电动机为标志的技术革命。第三次大组合是狄拉克组合了爱因斯坦的相对论和薛定谔方程，创造了相对量子力学，引起了以原子能技术和电子计算机技术为标志的新技术革命。所以爱因斯坦说过："组合作用似乎是创造性思维的本质特征。"[1]

在科学界、商业和其他行业都有大量的组合创造的实例。当然组合不是随心所欲的拼凑，必须遵循一定的科学规律。

3. 发散思维的方法

（1）一般方法。

1）材料发散法——以某个物品尽可能多的"材料"，以其为发散点，设想它的多种用途。

2）功能发散法——从某事物的功能出发，构想出获得该功能的各种可能性。

3）结构发散法——以某事物的结构为发散点，设想出利用该结构的各种可能性。

4）形态发散法——以事物的形态为发散点，设想出利用某种形态的各种可能性。

5）组合发散法——以某事物为发散点，尽可能多地将它与别的事物进

---

[1] （美）阿尔伯特·爱因斯坦. 爱因斯坦全集 第11卷[M]. 莫光华,赵蓉,译. 长沙:湖南科学技术出版社,2020.

行组合形成新事物。

6）方法发散法——以某种方法为发散点，设想出利用方法的各种可能性。

7）因果发散法——以某个事物发展的结果为发散点，推测出造成该结果的各种原因，或者由原因推测出可能产生的各种结果。

（2）假设推测法。假设的问题无论是任意选取的，还是有所限定的，所涉及的都应当是与事实相反的情况，是暂时不可能的或是现实不存在的事物对象和状态。

由假设推测法得出的观念可能大多是不切实际的、荒谬的、不可行的，这并不重要，重要的是有些观念在经过转换后，可以成为合理的、有用的思想。

（3）集体发散思维。发散思维不仅需要用上自己的全部大脑，有时候还需要用上身边的无限资源，集思广益。集体发散思维可以采取不同的形式，如头脑风暴法。

（二）收敛思维

1. 收敛思维的概念

收敛思维也叫作"聚合思维""求同思维""辐集思维""集中思维"，是指在解决问题的过程中，尽可能利用已有的知识和经验，把众多的信息和解题的可能性逐步引导到条理化的逻辑序列中，最终得出一个合乎逻辑规范的结论。

收敛思维也是创新思维的一种形式，与发散思维不同，发散思维是为了解决某个问题，从这一问题出发，想的办法、途径越多越好，总是追求还有没有更多的办法。而收敛思维则是为了解决某一问题，在众多的现象、线索、信息中，向着问题的一个方向思考，根据已有的经验、知识或发散思维中针对问题的最好办法去得出最好的结论和最好的解决办法。

2. 收敛思维的方法

（1）聚合显同法。就是把所有感知到的对象依据一定的标准"聚合"起来，显示它们的共性和本质。例如，我国明朝时期，江苏北部曾经出现了可怕的蝗虫，飞蝗一到，整片整片的庄稼被吃掉，农民颗粒无收……徐光启看到人民的疾苦，想到国家的危亡，毅然决定去研究治蝗之策。他收集了自战国以来两千多年有关蝗灾情况的资料，提出许多正确有效的治蝗办法，有些办法则一直用到新中国成立初期。

（2）求异思维法。如果一种现象在第一场合出现，第二场合不出现，而这两个场合中只有一个条件不同，这一条件就是现象的原因。寻找这一条件，就是求异思维法。

（3）层层剥笋法（分析综合法）。在思考问题时，最初认识的仅仅是问题的表层（表面），因此，也是很肤浅的东西；然后层层分析，向问题的核心一步一步地逼近，抛弃那些非本质的、繁杂的特征，以便揭示出隐蔽在事物表面现象内的深层本质。

（4）目标确定法。平时接触到的大量问题比较明确，很容易找到问题的关键，只需要采用适当的方法，问题便能迎刃而解。但有时，一个问题并不是非常明确，很容易产生似是而非的感觉，将人们引入歧途。

这个方法要求我们首先要正确地确定搜寻的目标，进行认真地观察并做出判断，找出其中关键的现象，围绕目标进行收敛思维。

目标的确定越具体越有效，不要确定那些各方面条件尚不具备的目标，这就要求人们对主客观条件有一个全面、正确、清醒的估计和认识。目标也可以分为近期的、远期的、大的、小的。开始运用时，可以先选小的、近期的，熟练后再逐渐扩大。

在实际生活中，我们也常遇到选择目标的情况。如你急需将一篇计算机打字稿上交，但专职打字员又没在，于是你花费很长时间用两个手指很不规范地将打字稿完成后上交。有的人指责你的打字水平太低，太不规范，而且速度慢，应该先去打字班训练。

这里就有目标的问题，前者是为了及时上交打字稿件，不是为了学习打字；而后者则是为了学习规范打字，提高打字的速度和质量。显然，目标不同，处理问题的方法也会不同。

（5）聚焦法。聚焦法就是人们常说的沉思、再思、三思，是指在思考问题时，有意识、有目的地将思维过程停顿下来，并将前后思维领域浓缩和聚拢起来，以便帮助我们更有效地审视和判断某一事件、某一问题、某一片段信息。由于聚焦法带有强制性指令色彩，其一，可通过反复训练，培养我们的定向、定点思维的习惯，形成思维的纵向深度和强大穿透力，犹如用放大镜把太阳光持续地聚焦在某一点上，就可以形成高热。其二，由于经常对某一片段信息、某一件事、某一问题进行有意识的聚焦思维，自然会积淀起对这些信息、事件、问题的强大透视力、溶解力，以便最后顺利解决问题。

（三）联想思维

1. 联想思维的概念

联想思维是指在人脑内记忆表象系统中由于某种诱因使不同表象发生联系的一种思维活动。联想思维和想象思维可以说是一对孪生姐妹，在人的思维活动中都起着基础性的作用。

联想思维是在创新过程中运用概念的语义、属性的衍生、意义的相似性来激发创新思维的方法,它是打开沉睡在头脑深处记忆的最简便和最适宜的钥匙。

2. 联想思维的类型

(1)接近联想。时间或空间上的接近都可以引起不同事物之间的联想。

诗歌中有关时空接近的联想的佳句很多,如"春江潮水连海平,海上明月共潮生。滟滟随波千万里,何处春江无月明"。作者将春江、潮水、大海与明月(既相远又相近)联系在一起。

(2)相似联想。从外形或性质上的、意义上的相似引起的联想,都是相似联想。如"春蚕到死丝方尽,蜡炬成灰泪始干""床前明月光,疑是地上霜"等。

(3)对比联想。由事物之间完全对立或存在某种差异而引起的联想,就是对比联想(相反特征的事物或相互对立的事物间所形成的联想)。文学艺术的反衬手法,就是对比联想的具体运用。例如,描写岳飞和秦桧的诗句"青山有幸埋忠骨,白铁无辜铸佞臣"。

(4)因果联想。由于两个事物存在因果关系而引起的联想,就是因果联想。这种联想往往是双向的,可以由因想到果,也可以由果想到因。

(5)类比联想。类比联想就是通过对一种(类)事物与另一种(类)事物对比,而进行创新的方法。其特点是以大量联想为基础,以不同事物间的相同、类比为纽带。根据不同的类比形式可分为多种类比法,下面大致介绍五种。

1)直接类比法。如鱼骨—针,酒瓶—潜艇。

2)间接类比法。如负氧离子发生器。

3）幻想类比法。如第一台电子计算机的诞生。

4）因果类比法。如气泡混凝土。

5）仿生类比法。如抓斗、电子蛙眼、蜻蜓翅膀与机翼振动。

3.联想思维的训练

联想思维可以在日常生活中培养和自我训练，也可以在教师的指导下进行强化训练。这里说明一下强化训练的注意事项。

在读完题目后，要立即进入题目的情境，设身处地进行联想。虚拟的情境越逼真，效果就越好。开始联想后，每联想到一件事物，就填写在题目后的表中，直到不能再想为止，但不要急于求成。一般可用2～3分钟完成一道题目，时间一到，马上转入下个题目。

联想思维的训练

1.在两个没有关联的信息间，寻找各种联想，将它们联结起来。

例如，粉笔—原子弹　粉笔—教师—科学知识—科学家—原子弹

A.足球—讲台　　　　B.黑板—聂卫平

C.汽车—绘图仪　　　D.油泵—台灯

答案：足球—球员—教育—教室—讲台；黑板—知识—棋艺—围棋—聂卫平；汽车—设计—绘图—工具—绘图仪；油泵—燃油—能源—照明—台灯。

2.分别在下面每组的字上加同一个字使其组成不同的词。

A.自、察、味、触、幻、感

B.阔、大、博、东、告、意

C.具、教、理、士、边、家

答案：觉、广、道。

（四）灵感思维

灵感思维也称作顿悟，是人们借助直觉启示猝然迸发的一种领悟或理解的思维形式。其是指经过长时间的思索，问题没有得到解决，但是突然受到某一事物的启发，问题就被一下子解决的思维方法。诗人、文学家的"神来之笔"，军事指挥家的"出奇制胜"，思想战略家的"豁然贯通"，科学家、发明家的"茅塞顿开"等，都是灵感的体现。灵感来自信息的诱导、经验的积累、联想的升华、事业心的催化。

灵感思维具有以下特点。

1. 突发性。灵感往往是在出其不意的刹那间出现，使长期冥思苦想的问题突然得到解决。在时间上，它不期而至，突如其来；在效果上，突然领悟，意想不到。这是灵感思维最突出的特征。

2. 偶然性。灵感在什么时间可以出现，在什么地点可以出现，或在哪种条件下可以出现，都带有很大的偶然性而使人难以预测，往往给人以"有心栽花花不开，无意插柳柳成荫"之感。

3. 模糊性。灵感的产生往往是闪现式的，而且稍纵即逝，它所产生的新线索、新结果或新结论使人感到模糊不清。

四、常见思维障碍

在现实生活中，为什么越是简单的问题越容易让人掉以轻心，并由此出错？因为急于求成的人总是首先从自己的经验定势和主观愿望出发，习惯按常规思维办事，容易进入思维障碍的陷阱。在现实中，人们常见的思维障碍包括以下四项。

（一）从众性思维

从众心理是指放弃独立思考，盲目相信大众，一切跟在别人后面，不出头，不冒尖的心理。比如，学习从众，报考高考的热门专业；消费从众，购买大家都喜欢买的热门商品。殊不知，只有与众不同的想法，才能有与众不同的机会，得到与众不同的收获。

每个人都是独立的个体，也是社会中的一员。作为社会的成员，面对外在的世界，应该通达和顺应，顺应规则、遵从法度，这一切都是可以称作外化的东西。但是一个人之所以成为他自己，更应该是坚持自己的秉性而不要随波逐流，有他独特的价值观，有他独特的风格，有他内心的秉持。在现实生活中，人们总有一些从众心理，似乎有了不同的意见想法就成了不合群的人，我们怕听到反对的声音而放弃自己独特的想法，与此同时也放弃了改变生活的大好时机。只有那些敢于表达他们与众不同想法的人，才能变得与众不同。而创新思维更需要我们打破从众性思维，才能破旧创新。

（二）习惯性思维

习惯性思维，即定式思维，是指人们在面对新事物、新问题时习惯用之前的思维方式，对新事物、新问题不加分析、不加思考的麻木重复。其主要特征是对问题的思考总是按照第一次的方向和次序进行。习惯性思维对人们解决问题，既有积极作用，也有消极作用。从积极的一面看，习惯性思维可以极大地节约时间和精力，提高人们解决问题的效率；从消极的一面看，习惯性思维容易使人们走进思维的死角，钻牛角尖，不利于问题的解决。对于一个立志于创新的人来说，我们应打破习惯性思维对我们的约束，进一步优化自己做事的方式和方法，充分发挥主观能动性以寻求更新更好的思维方法。

（三）刻板性思维

所谓刻板，是指呆板、机械、缺乏变化。刻板性思维即指思考的过程中不懂变通，思路单一。人们在解决简单问题时，刻板思维通常能解决问题。但当问题稍微复杂时，刻板思维不但无济于事，还会导致错误的发生。刻舟求剑的故事深刻阐述了这个道理。在思维活动中，常常会发生一些新情况，面对新情况应打破刻板，随机应变，迅速做出反应，从而摆脱困境，顺利达到理想目的。

（四）权威性思维

权威常常指在某领域内有力量、有威望、有地位的人，权威之所以称为权威，是因为他们在某领域很有建树，他们的意见和建议能使我们事半功倍，人们常常对学识、能力比自己强的人产生尊敬和崇拜，不敢去质疑他们的观点。这种不敢质疑，过分相信权威将极大地阻碍人们的创新思维，因为他们思考的领域，就只能是在权威限定的框架里。爱因斯坦说，"因为我对权威的轻蔑，所以命运惩罚我，使我自己竟也成了权威"[1]，这句话很好地阐释了人们应该如何面对权威。

案例

有这样一道测试题：一位公安局局长在茶馆里与一位老人下棋。正下到难分难解之时，跑来了一位小孩，小孩着急地对公安局局长说："你爸爸和我爸爸吵起来了。"老人问："这孩子是你的什么人？"公安局局长

---

[1] （美）阿尔伯特·爱因斯坦.爱因斯坦全集 第11卷[M].莫光华，赵蓉，译.长沙：湖南科学技术出版社，2020.

答道："是我的儿子。"

请问：是谁和谁吵起来了？

分析

据说有人曾将这道题对 100 个人进行了测验，结果只有两个人答对了。后来对一个三口之家问这个问题，父母没答对，孩子却很快答了出来："局长是个女的，吵架的一个是局长的丈夫，即孩子的爸爸；另一个是局长的爸爸，即孩子的外公。"[1]

为什么许多成年人对如此简单的问题的解答反而不如孩子呢？这就是思维定式效应：按照成人的经验，公安局局长应该是男的，从男局长这个心理定式去推想，自然找不到正确答案；而小孩子没有这方面的经验，也就没有心理定式的限制，因而一下子就找到了正确答案。

创新思维能力测试

下面是 10 个题目，如果符合自身情况，则回答"是"，不符合则回答"否"，拿不准则回答"不确定"，按照顺序选择分数。

1. 你认为那些使用古怪和生僻词语的作家，纯粹是为了炫耀。（是得 1 分；否得 0 分；不确定得 2 分）

2. 无论什么问题，要让你产生兴趣，总比让别人产生兴趣要困难得多。（是得 0 分；否得 1 分；不确定得 4 分）

3. 对那些经常做没把握事情的人，你不看好他们。（是得 0 分；否得 1 分；不确定得 2 分）

4. 你常常凭直觉来判断问题的正确与错误。（是得 4 分；否得 0 分；不确定得 2 分）

---

[1] 黄欢．大学生创业这点事 [M]．北京：立信会计出版社，2018．

5.你善于分析问题,但不擅长对分析结果进行综合、提炼。(是得1分;否得0分;不确定得2分)

6.你审美能力较强。(是得3分;否得0分;不确定得1分)

7.你的兴趣在于不断提出新的建议,而不在于说服别人去接受这些建议。(是得2分;否得1分;不确定得0分)

8.你喜欢那些一门心思埋头苦干的人。(是得0分;否得1分;不确定得2分)

9.你不喜欢提那些显得无知的问题。(是得0分;否得1分;不确定得3分)

10.你做事总是有的放矢,不盲目行事。(是得0分;否得1分;不确定得2分)

评价

得分22分以上,说明被测试者有较高的创造思维能力,适合从事环境较为自由,没有太多约束,对创新性有较高要求的职位,如美编、装潢设计、工程设计、软件编程人员等。

得分11~21分,说明被测试者善于在创造性与习惯做法之间找出均衡,具有一定的创新意识,适合从事管理工作,也适合从事与人打交道的工作,如市场营销。

得分10分以下,说明被测试者缺乏创新思维能力,属于循规蹈矩的人,做人总是有板有眼,一丝不苟,适合从事对纪律性要求较高的职位,如会计、质量监督员等职位。

第二节 创新思维的内在逻辑

一、创新思维是人脑的一种机能和属性

大脑是创新的源泉。人的一切心理现象或者创新意识、创新精神等都是人脑的一种基本功能，是与人类自身进化而同步形成的。

人类的大脑是世界上最为精妙、最为深奥的器官，如同宇宙一样奇妙无穷。大脑重1300~1400克，平均重量为1320克，相当于人自身体重的2%。男性的大脑平均为1350克，女性的大脑平均为1250克。世界上最轻的大脑仅有900克，是一位著名的作家的大脑；最重的1700克，但其主人却智力迟钝。科学家认为，人在自己的一生中仅运用了头脑能力的10%。

脑科学告诉我们，控制右手的左脑主管语言、听觉、参与分析推理；控制左手的右脑主管想象、对音乐和艺术的美学鉴赏。有人说，左脑负责知识，右脑负责智慧。

二、创新思维是人类自身的本质属性

（一）创新人人皆有

创新是人的本性，是人类与自然交互影响中形成的一种自然禀赋，创新与身体、文化、年龄没有直接关系。创新不是发明家的专利，是劳动者的本质属性。

要排除几种有关创新的错误观念：智商不高，难以创新；我的文化水平不高，难以创新；年龄大了，不能创新；外行，怎么创新等。

财富和突发奇想的创意是互相沟通的。而突发奇想又是和敏锐的目光及智慧紧密相连的。当你及时开发出适应人们需要的产品，就能开拓新的市场，同时也能为社会创造出新的价值。

虽然有各自不同的特点，但只要能抓住自身的特点，扬长避短，同样可以达到创新的目的，"大朗饼店"的大朗、音乐指挥舟舟的成功从不同侧面提供了很好的例证。

（二）创新时时皆有

从个人的一生来看，创新与生命同在，不同的人生表现不同，有的"早慧"，有的"大器晚成"。

从个人一天24小时来看，创新的表现在分分秒秒中都有可能产生，什么时间最能产生创新和创意，则因人而异。爱迪生的创意多产生于实验室里；爱因斯坦的创意，或在白天做白日梦，或在沐浴中。

美国创意顾问集团主席查理斯·奇克汤姆做了一个权威测试，结果居前10位的最佳创意时间是：

1. 坐在马桶上；

2. 洗澡或刮胡子时；

3. 上下班公交车上；

4. 快睡着或刚睡醒时；

5. 参加无聊会议时；

6. 休闲阅读时；

7. 进行体育锻炼时；

8. 半夜醒来时；

9. 上教堂听布道时；

10. 从事体力劳动时。

（三）创新处处皆有

创新的普遍性体现在创新出现在各个领域、各个行业，它涵盖了社会上的所有职业，所有事物的方方面面。

第三节 大学生创新思维的教育与培养

一、大学生应具备的创新思维能力

（一）发现问题的能力

要促进创新思维的发展，就要具备发现问题的能力，这样，在提出问题和解决问题时，思维才能活动起来，思维能力才可能在解决问题的过程中发展起来。

（二）流畅的思维能力

创新以思维流畅作为基础。流畅的思维能力使人们遇到问题时思维活动畅通无阻，灵敏迅速，在短时间内能对某事物的用途、状态等作出准确的判断，提出多种解决的方法。

（三）变通的能力

变通的能力使人们思路开阔，能善于根据时间、地点、条件等的变化，迅速灵活地从一个思路跳到另一个思路，从一种意境进入另一种意境，从多角度、多方位探索并解决问题。

（四）独立创新的能力

提高创新思维能力必须在思维实践中不迷信前人，不盲从已有的经验，不依赖已有的成果，能够独立地发现问题，独立地思考问题，在独辟蹊径中找到解决问题的有效方法。

（五）制订方案的能力

制订创新方案是创新的核心。创新首先要明确一个方向和目标，只有明确方向，才能制订创新方案，围绕方案努力进行下去，才可能有创新结果。

（六）评价的能力

创新是个复杂的过程，在方案的实施中会遇到多种方案，如何选择最优方案，就需要对其进行评价，做出决策，这就要求创新者具备评价能力。

二、大学生创新思维的培养

当今社会的竞争，与其说是人才的竞争，不如说是人的创造力的竞争。培养创新思维能力，争当创新人才，为即将到来的职业生涯做好准备。

大学生创新思维能力的培养，应从以下三个方面入手。

（一）树立自觉创新意识

创新意识是人们对创新与创新的价值性、重要性的一种认识水平、认识程度以及由此形成的对待创新的态度，并以这种态度来规范和调整自己活动方向的一种稳定的精神态势。

创新意识是创新的前提和条件，只有在自觉自愿的创新意识的强力催动下，才可能有创新实践活动的产生。在知识经济时代，创新包括技术创新、制度创新、管理创新、文化创新等，涉及社会生活的方方面面。就大学生个人而言，创新既是前进的动力，又是发展的必经之路，所以，在就业和创业过程中，必须牢固树立创新意识。

1. 激发自身的创造动力。寻找真正感兴趣的学习或工作，或者在现在从事的学习、工作中找到兴趣点；寻找学习、工作中的自我满足点；接受更具挑战性的任务；设立自己的目标，并努力达到目标。通过以上一系列措施，激发自身创造动力。

2. 保持高涨的创造兴趣能促进创造活动的成功。对所学习或研究的事物要有好奇心，好奇心能使人们产生强烈兴趣。牛顿少年时期就有很强的好奇心，他常常在夜晚仰望天上的星星和月亮。星星和月亮为什么挂在天上？星星和月亮都在天空运转着，它们为什么不相撞呢？这些疑问激发着他的探索欲望。后来，经过专心研究，他终于发现了万有引力定律。

有人能提出问题，说明他在思考问题。在学习过程中，自己如果提不出问题，那才是最大的问题。正像爱因斯坦说的那样："我没有特别的天赋，只有强烈的好奇心。"

3. 具有正确的创造情感。创造情感是引起、推进乃至完成创造的心理因素，只有具有正确的创造情感才能使创新成功。

4. 培养创造意志。创造意志是在创造中克服困难，冲破阻碍的心理因素，创造意志具有目的性、顽强性和自制性。爱迪生在1600多次试验的失败后，仍能坚持不懈，在竹丝灯泡能够使用以后，还能继续研发，改进为钨丝灯泡。在日常学习生活中，大学生应培养严谨求实、坚持不懈、一丝不苟的优良品格才能取得创新的成功。

（二）提高创新思维能力

创新思维能力是可以通过有意识地培养和训练提高的。大学生学习生活中要注重突破思维障碍，自觉提高创新思维能力，应从以下几方面入手。

1. 对所学习或研究的事物要持怀疑态度。不要认为被人验证过的都是真理，要用发展的眼光看问题。许多科学家对旧知识的扬弃，对谬误的否定，无不从怀疑开始的。伽利略正是从对亚里士多德"物体依本身的轻重而下落有快有慢"的结论开始怀疑，发现了自由落体规律。因此，怀疑是发自内在的创造潜能，它激发人们去钻研、去探索。

2. 对所学习或研究的事物要有追求创新的欲望。如果没有强烈的追求创新的欲望，那么无论怎样谦虚和好学，最终都是模仿或抄袭，只能在前人划定的圈子里徘徊。要创新，我们就要坚持不懈地努力，勇敢跳出前人划定的圈子，勇敢面对困难，同时要有克服困难的决心，不要怕失败，要相信，失败乃成功之母。

3. 对所学习或研究的事物要有求异的观念，不要"人云亦云"。创新不是简单的模仿，要有创新精神和创新成果，必须有求异的观念。求异实质上就是换个角度思考，从多个角度思考，并将结果进行比较。求异者往往要比常人看问题更深刻、更全面。

4. 对所学习或研究的事物要有冒险精神。创造实质上是一种冒险，因为否定人们习惯了的旧思想可能会招致公众的反对。这种冒险不是那些危及生命和肢体安全的冒险，而是一种合理性冒险。大多数人都不会成为伟人，但我们至少要最大限度地挖掘自己的创造潜能。

5. 对所学习或研究的事物要做到永不自满。一个有很多创造性思想的人如果就此停止，害怕去想另一种可能比这种思想更好的思想，或已习惯了一种成功的思想而不能产生新思想，那么这个人就会变得自满，停止创造。

6.努力学习科学知识，构建合理的知识结构。一颗苹果砸到牛顿头上，他发现了万有引力；伽利略看到小孩玩玩具发明了温度计；门捷列夫玩纸牌发现了元素周期表。真理永恒不变，我们要用发展的眼光看问题，跳出思维定式和已有知识的束缚，永远行走在寻找真理的路上，从纷繁复杂的表象里，找到真理存在的一角，则为创新。但是，创新思维不是某天的突发奇想，牛顿、伽利略、门捷列夫哪一个不是知识渊博，对所研究事物殚精竭虑不懈探索的人？所以，大学生应该努力学习，广泛涉猎，以丰富的知识和广博的学科视野撑起创新思维的翅膀，以不断提高的创新思维能力助推创新能力的起飞。

（三）积极开展创新实践

实践对认识具有决定作用。实践是认识的来源，是认识发展的动力，是认识的最终目的和检验认识正确与否的唯一标准。大学生只有积极投身创新实践，才能培养创新能力，提高创新水平。

1.在日常学习生活中开展创新实践。创新是一个不断发现问题、解决问题的复杂过程。大学生在日常学习生活中，可在教师引导下，或学生自觉有意识地，本着不唯书、不唯上的科学探索精神，不断发现问题、分析问题、解决问题，在实践中提高创新能力。

2.注重参加创新创业实践平台练兵活动。目前各级高等院校大力开展创新创业教育活动，他们积极搭建大学生创新创业平台，在夯实基础教育的同时，潜心培育、建设大学生创新实践基地，设立特色鲜明的学科竞赛项目，引导大学生开展创新创业实践。大学生可以在学校积极参加活动，在实践中练兵，提高创新能力。

3. 顺应时代潮流，走向社会开展创新创业实践。知识经济时代，信息技术的发展深刻改变了人们的学习、生活和社会环境。2015年3月2日，国务院办公厅印发的《关于发展众创空间推进大众创新创业的指导意见》指出，推进大众创新创业要坚持市场导向、加强政策集成、强化开放共享、创新服务模式。在用户创新、大众创新、开放创新、协同创新的创新2.0新形势下，我国已涌现出一大批各具特色的众创空间。比如，上海的新车间、深圳的柴火创客空间、杭州的洋葱胶囊、南京的创客空间等。知识经济时代良好的政策环境和各种便利的创新要素的支持，为大学生创新实践提供了良好的生态环境。大学生要勇于把握时代脉搏，积极投身到大众创业、万众创新的时代洪流中开展创新实践活动。

第六章 高校学生创新创业能力培养

创业者的成功绝非偶然，他们本身所具备的素质和能力，使得他们在机会来临时具有敏锐的发现能力，在面对风险时能够冷静、灵活、坚毅，具有很强的抗压能力，具有不断开拓创新的能力和品质。那究竟什么样的人适合创业？他们具有什么样的性格、能力与价值观？如何对自己是否具有创业特质进行判断和评估？这些是本章将要探讨的问题。值得注意的是，所有测评的结果仅仅是参考，不是绝对的，某个人是否能够成为创业者，是环境、生活经历和个人选择的结果，没有人天生就是创业者。

第一节 创业者素质认知

创业者想要取得成功，不仅需要良好的外部条件，比如，国家政策、市场环境、行业环境、良好的团队等，同时内部条件也是极其重要的，这种内部条件就是创业者个人必须具备的促使创业成功的素质，这种素质是一种综合素质。

目前，教育学观点下具有代表性的3种观点是：

1. 创业素质是指人在后天接受教育和环境的影响下形成和发展的，在社会实践活动中表现出来的比较稳定的个性特征。

2. 创业素质是指在人的心理素质和社会文化素质基础上，在环境和教育的影响下形成和发展起来的,在社会实践活动中全面地、较稳定地表现出来并发挥作用的身心组织要素、结构及其质量水平。

3.创业素质是以人的先天禀赋为基础,在环境和教育的影响下形成和发展起来的,在创业实践活动中表现出来并相对稳定地发挥作用的身心组织要素的总称。

一、创业者基本素质

创业者基本素质包括创业意识、创业心理品质、创业能力和创业知识结构四大要素。

(一)创业意识

要想取得创业的成功,创业者必须具有创业的意识,对市场进行长期细致地观察和思考。创业的成功是思想上长期准备的结果,没有强烈的创业意识,就很难克服创业道路上的各种困难。创业意识是创业者必备的创业素质之一,是指在创业实践活动中对创业者起动力作用的个性倾向,包括创业的需要、动机、兴趣、信念和世界观等心理成分。需要是人的行为的内驱力,创业动力源于人的需要,并且在很大程度上源于人的自我实现的高级需要,主要包括事业心、竞争精神和创业动机。一个没有事业心的人,就不会有创业行为,也不会有创业能力。创业意识集中表现了创业素质中的社会性质,支配着创业者对创业活动的态度和行为,是创业素质中的重要组成部分,是大学生创业素质的基础,是学生对其今后人生道路的一种预期和判断,是对创业的认同。因此,创业意识的树立,就成了创业者在创业中必须具有的、十分宝贵的内在要素,主要包括创新意识、商业意识、竞争意识、风险意识、知识更新意识等。

（二）创业心理品质

无数创业者的创业实践表明，创业历程艰难险阻，波折重重，要实现自己的人生价值，实现创业成功，离不开良好的创业素质，尤其是良好的创业心理品质。创业心理品质是指在创业过程中对人的心理行为起调节作用的个人特性，它与气质、性格关系密切，其核心是情感和意志。气质反映一个人的心理素质，在一定程度上影响着创业的成功。为此，创业者应当考虑自己的个人特点及创业事项，使气质与职业之间合理匹配，扬长避短，充分发挥自己的气质优势，促进创业的成功。

性格是后天形成的，当环境条件和自我认识水平发生变化时，人的性格就会发生变化。情感是人对客观事物的态度体验，是和人的社会需要相联系的一种比较复杂而又稳定的态度体验。情感对人的行为活动具有支配作用，当创业者在创业实践活动中遇到不顺心的事情时，要主动调节自己的情感，避免急躁心绪，保持积极的心态；当遇到顺境时，也应该注意不要被胜利冲昏头脑，要保持清醒，学会控制自己的情绪，善于调节自己的心态。

意志是人自觉而有意识地确立自己的目的并且支配与调节其行为，以实现这一目的的心理过程。良好的意志品质表现在：能够独立做出决定、采取行动，不屈服于周围的压力和干扰，一旦确定目标后，能够坚持不懈地为实现目标而努力工作；面对重要的抉择，果断理智，既不优柔寡断，也不冲动；在需要的时候善于及时有效地约束自己的行为，控制自己的情绪。

（三）创业能力

强烈的创业意识是创业活动中的源泉和动力，而创业能力则是创业者能否获得创业成功的保证。创业能力是一种特殊能力，除了具有能力的一般含义外，还有自己的独特内涵。从创业能力的形成来看，它不是通过遗传得到的，也不是靠单纯的专业学习获得的，而是在后天的学习培养和社会实践双重作用下逐步养成的。创业能力包括学习能力、创新能力、职业能力、交际能力、领导能力、把握商机能力、经营管理能力、决策能力、组建团队的能力等。

1. 学习能力。学习能力是获取知识的能力，包括对知识的接受、转化与应用。创业初期的产品也许还处于雏形阶段，从一项成果的试验成功到作为成熟的产品推向市场，是一个不断开发、摸索的过程，对于创业者本身也是一个学习的过程。而企业发展到一定阶段，技术产品的更新换代尤为迫切。初期的创业者，尤其是学生创业者不可能自己坐在宽敞的办公室里，高薪聘用一大批技术人员进行技术开发，自主创业的大学生将在很长时期内同时充当"管理人"和"技术人"的双重角色。

2. 创新能力。创新能力是在技术和各种实践活动中不断提供具有经济价值、社会价值、生态价值的新思想、新理论、新方法和新发明的能力。创新能力是创业者发掘机会、将机会转化成市场概念的能力，是创业者必备的素质能力。创业者需要不断训练自己的创新思维，越早开始越好。日本管理大师大前研一还在麦肯锡咨询公司工作时，就用每天上班坐电车的时间来思考电车上的十几条广告，思考有什么更好的广告，要是自己来做这个广告会怎么做等，他就是这样训练出卓越的创新思维能力和思考习惯的。

3. 职业能力。职业能力即专业技术能力，是创业者掌握和运用专业知识进行专业生产的能力。创业者应具备的专业能力主要体现在三方面：创办企业中主要职业岗位的必备从业能力；接受和理解与所办企业经营方向有关的新技术的能力；把环保、能源、质量、安全、经济、劳动等知识和法律法规运用于本行业的能力。许多专业知识和专业技巧要在实践中摸索，逐步提高和完善，创业者要重视在创业过程中积累专业技术方面的经验和职业技能训练，对于书本上介绍过的知识和经验在加深理解的基础上予以提高、拓宽；对于书本上没有介绍过的知识和经验应探索，在探索的过程中要详细记录，认真分析，进行总结、归纳，上升为理论，形成自己的经验特色，积累起来。只有这样，专业技术能力才会不断提高。这就要求创业者在创办自己的第一个企业时，应该从自己熟悉的行业中选择项目。当然，创业者也可借助他人特别是雇员的知识技能来办好自己的企业，但在创办自己的第一个企业时，如果能从自己熟知的领域入手，就能避免许多"外行领导内行"的尴尬，大大提高创业的成功率。

4. 交际能力。交际能力是创业者不可或缺的能力之一。人们常说，一个人能否成功，不在于你知道什么，而在于你认识谁。人际交往能力强的人，可以在关系网络中穿梭自如，解决别人难以解决的问题，大大提高工作效率，也能与周围的伙伴愉快地合作，从而产生强大的凝聚力。创业者需要深刻理解商业社会人际关系的核心原则是互利双赢，人际关系稳固的根基则是信誉，这是人际关系可持续发展的基本保障。大学生创业者需要从进入大学校园开始，就有意识地提升自己的人际交往能力，除了多参加社团与社会实践活动以外，还有一些操练的方法，如每周结交一个陌生人，并且有意识地不断提高结交的质量，逐步拓展人脉关系。

5. 领导能力。领导能力可以理解为一系列行为的组合，这些行为将会激励人们主动追随领导者，而不是简单地服从。在所有组织的各个层次中都体现着领导能力，这是事业有序经营的核心。创业团队一定要有一个灵魂人物，他（她）可以指引方向、凝聚人心和协调团队成员。创业型企业初期的管理通常是不规范的，需要创业团队不计较个人得失地付出，这就需要领袖人物来引领和激励大家共同前行，众志成城克服创业过程中的种种困难。大学生创业者需要在学校和工作中有意识地训练自己的领导能力，逐渐建立自己的影响力，也就是建立别人对你的信赖，让别人愿意追随你，为构建创业团队打好基础。

大学生首先要成为一名杰出的追随者，然后向领导者学习领导之道，最后自己再模仿学习，成为优秀的领导者。美国社会心理学家罗伯特·西奥迪尼（Robert B.Cialdini）在《影响力》中提出了建立影响力的六大核心原理：互惠、承诺、社会认同、喜好、权威和短缺。例如，史玉柱为人讲义气，虽然因为巨人大厦等原因使公司元气大伤，但是作为老板的史玉柱待人忠厚，关键人才、核心员工始终跟着他，愿意跟他一起创造和迎接下一个辉煌，于是他们卧薪尝胆、同甘共苦，终于创造出了重新崛起的奇迹。

6. 把握商机能力。能够满足一种需要就能形成或产生商机，它只会在某一个特定的阶段出现，稍纵即逝。在信息化时代进行创业，必须重视商机的把握，合适的机遇能够赢得发展的机会，贻误时机则有可能使企业蒙受巨大的损失，因此把握商机能力十分重要。

7. 经营管理能力。经营管理能力是为实现一定的经济目标，对所从事的经济活动实施计划、组织、指挥、监督和调节的能力，是一种人、财、物、时、空的合理组合，是科学运筹和优化配置的心理能量的实现，直接关系到创业活动的效率和成功与否。

8.决策能力。在一定意义上，管理过程就是不断发现问题、解决问题的过程。为此，管理人员应具备较强的解决问题的能力，要能够敏锐地发现问题之所在，迅速提出解决问题的措施和途径，讲求方式方法和处理技巧，使问题得到及时、妥善地解决。在解决的过程中，决策能力具有至关重要的作用。现代管理特别是高层管理中面临的非程序性、非规范化问题越来越多，在没有先例可循的情况下，管理人员必须强化决策能力，要善于在全面收集、整理信息的基础上，准确判断，大胆决断，从备选方案中果断地选择最优方案，并将决策方案付诸实施。

9.组建团队的能力。一项针对创业者能力的研究报告指出，组建团队与管理团队是成功创业者需要具备的主要能力之一。一个企业需要"主内"管理、"主外"公关、耐心"总管"、宏观"领袖"、技术研发、市场开拓等方方面面的人才。工作分工不同，需要不同个性的人，所以需要创业者既能选拔出恰当的人选，又能把不同个性的人凝聚在一起，组成一个创业团队，各显其能，各司其职，以满腔的热情积极投入到创业中来。

案例

取舍

某家橡胶公司的营业部张经理，就今后公司的策略征求赵科长和李科长的意见。赵科长主张要积极扩大公司的规模，李科长则认为要踏实经营。张经理是个敦厚、"凡事以和为贵"的上司。

对新销售政策的推行，赵科长的积极策略和李科长的慎重策略是相互对立的，张经理也没有在二者中做任何选择，对他们的建议都说："喔！很好。"赵科长和李科长也都认定经理支持自己的想法，于是两种截然不同的政策就在各地分店、营业所、代理店开始实施了。

结果，营销人员乱了阵脚，各自行动不一，备受顾客批评。张经理认为，赵科长和李科长两人的能力不相上下，各有一番道理，所以他不想以决胜负的方式去伤害任何一个人。即便如此，张经理还是必须在这二者中做一个选择。而对意见未被采纳的人，也可以详细说明自己的想法。

如果张经理采取赵科长的积极策略，李科长可能会有所不满。相反地，如果李科长的意见被接受，赵科长可能会很沮丧。但是，在难以取舍的情况下，还是要有一个决定，否则像张经理这种优柔寡断的态度，会严重影响整个公司的运营。上司常会有左右为难的困扰，尤其当双方各有优缺点时，更是容易陷入两难的境地。如果能清楚地做出取舍，就不会有这样的问题了。[1]

分析

以这家橡胶公司来说，因为张经理知道赵科长和李科长的个性截然不同，平常两个人的立场总是相互对立的，所以才很难做决定。

其实，往往在这个时候，上司更应该站在中间的立场去做判断。抛弃私情和同情，通过冷静地思考，再做出明确的结论。虽然做出决定后，还是会有一些问题发生，但如果因此而犹豫不决的话，问题一定会更大。

（四）创业知识结构

创业者的知识素质对创业起着举足轻重的作用。在知识大爆炸、竞争日益激烈的今天，单凭热情、勇气、经验或只有单一的专业知识，要想成功创业是很困难的。创业者要进行创造性思维，要做出正确决策，必须掌握广博的知识，具有一专多能、合理的知识结构。

---

[1] 黄欢. 大学生创业这点事 [M]. 北京：立信会计出版社，2018.

知识结构是指一个人经过专门学习培训后所拥有的知识体系的构成情况与结合方式。所谓合理的知识结构，就是既有精深的专门知识，又有广博的知识面，具有适应发展实际需要的最合理、最优化的知识体系。合理的知识结构是实现创业目标的必要条件，是个人事业发展的基础。

大学生创业者必须兼备行业知识、商业知识和综合知识这三类知识，行业知识是选择创业机会的基础，商业知识是企业经营管理的基础，综合知识则是建立良好社会关系的基础。

1. 行业知识。大学生创业者必须对所要进入的行业有相当深入的了解，这是寻找和把握创业机会的关键。在你准备创业的时候，有必要全面了解行业的发展历程、现状、前沿趋势与竞争格局，透彻理解市场需求的情况，尤其要从顾客角度来理解行业知识，进而了解行业内的成功案例，熟悉相关的产品服务以及技术知识。

创业者可以通过四种方式来学习行业知识：①阅读行业内有影响力的著作和杂志。②向行业内知名的专家和企业家学习，阅读他们的博客和发表的文章。③到行业知名网站上了解最新资讯，借鉴别人的成功经验，虚心向前辈请教。④结交行业内人士，通过行业活动或俱乐部等方式接触业内人士，向内行学习经验和探讨疑难问题。互联网上有着非常丰富的相关资讯，大学生对网络的熟练运用，为他们研究和学习行业知识提供了良好的基础。

2. 商业知识。创业团队有必要掌握市场营销、财务管理、法律、决策、谈判与商务礼仪等涉及商务方面的基本知识，这是经营管理中需要掌握的技能。大学生创业者学习商业知识的方法主要是从书本中学习，其次是从实践中学习，向成功企业家学习。

一些人（尤其是技术型的创业者）轻视商业知识的用处，一些过于强调实践的人则错误地认为书本理论不实用，以为实践才是最好的学习方式。事实上，间接经验也非常重要，关键是要学到货真价实的知识和理论，最优秀的创业者和管理者正是那些善于学习理论的人，他们从科学的理论中得到指导自己创业的方法和工具。有一些很出色的商业刊物，推荐给创业者们：《哈佛商业评论》是全球商业领域顶尖的思想宝库；《商学院》《中国企业家》《世界经理人》《创业家》《销售与市场》等特色杂志也值得阅读。

3. 综合知识。毋庸置疑，国内应试教育的环境和文化在客观上造成大学生的知识面受到一定的局限，以至于很多大学生在走上职业生涯之后相当长一段时间里难以与社会上的人进行顺畅沟通，因为大学生对生活中的沟通话题了解太少或者过于僵化，而这些话题知识是学校里不曾教的，需要大学生自己敏锐地发现、感悟和学习。

在商务交往中有一个现象，人与人之间的非正式沟通比正式沟通花的时间还要长，大约占到了 70% 的比重，话题知识的掌握就直接决定了这大部分时间的沟通效果。创业者们有必要对一些沟通话题"感兴趣"，并且要"有涵养"，如子女教育、健康、投资理财、历史文化、休闲旅游、汽车、体育运动、时尚科技等。综合知识的学习需要日积月累，大学生可以从自己最感兴趣的内容入手拓展综合知识。

二、创业者素质的构成

不同学者对于创业者素质的构成有不同的观点。美国创业家马丁·J. 格伦德认为，成功创业者应该具备"九大素质"：选择一个爱好、制定一个目标、拿着薪水学习、与成功者为伍、相信自己、以己之长发财致富、敢于提问、不循规蹈矩、不墨守成规和努力工作等；威廉·D.拜格雷夫认为优秀创业者的基本素质应包括十个"D"：理想（dream）、果断（decisiveness）、实干（doers）、决心（determination）、奉献（dedication）、热爱（devotion）、周详（details）、命运（destiny）、金钱（dollar）和分享（distribute）。我国学者对创业素质构成要素的阐述往往概括性比较强。如有人认为创业素质包括个性素质、智力素质、文化素质、心理素质、身体素质5种素质；有人认为创业素质主要包括创业意识、创业心理品质、创业能力和创业社会知识结构；也有人认为创业素质包括人格品质、心理素质、能力素质等。

（一）强大的内在驱动力

创业者的内在驱动力往往表现为强烈的成功欲望和事业心。欲望是一种生活目标或人生理想。创业者的欲望与普通人的欲望的不同之处在于，他们的欲望往往超出他们的现实，往往需要打破他们现在的立足点，打破眼前的樊笼，才能够实现。所以，创业者的欲望往往伴随着行动力和牺牲精神。

创业者的内在驱动力，除了来自强烈的成功欲望之外，现实生活的刺激也有可能激发创业者的创业行为。如果这种刺激让承受者感到痛苦和屈辱，就可能在其心中激起强烈的愤恨与反抗精神，从而促使他们焕发出"超常规"的能力，进而实现成功创业。

（二）强大的心理素质

心理素质是指创业者个人的心理条件，由创业者的自我意识、气质、性格、情感、价值观等心理要素构成。由于创业者致力于创业活动，往往要求创业者具有与常人不同的心理素质。创业的过程是艰辛并充满诸多不确定性的，面对无数的不确定性和未知的风险，只有保持良好的心态，才能避免患得患失，避免冲动行事，避免与目的背离的选择，从而更好地面对和解决困境。要具备强大的心理素质，一方面要加强修养，多从历史经验中寻找答案，另一方面要善于学习，恐惧往往来源于无知，只有不断地学习，才能减少无知，才能更加稳重。

（三）良好的知识素质

知识素质是指创业者所应该具有的较为丰富的企业管理知识，如营销、财务等方面的专业知识，极为丰富的企业管理经验和创新企业所涉及的技术、工艺知识，还应拥有一定的外语知识，以及计算机、网络基础知识等。创业者的知识素质对企业经营活动发挥着重大的影响，创业者必须具有良好的知识素质才能胜任创业管理活动。

良好的知识素质还包括良好的经验素质。创业者的经验素质是指创业者在创业过程及新创企业经营管理活动中实践锻炼和经验的积累。经验之所以对创业者具有重要意义，是因为经验是形成管理能力的中介，是知识升华为能力的催化剂。一个受过良好管理教育的人，只有与创业实践相结合，才能形成创业管理能力，成为成功的创业者。

（四）创业精神

创业精神是创业者必须具备的基本素质，包括独立性、敢为性、坚韧性、克制性、适应性5种因素，它与一个人的心理品质相关。独立性是指思维和行为不受他人影响，能够独立地思考、判断、选择、行动；敢为性是指敢于行动、敢于冒险、敢于拼搏、敢于承担；坚韧性是指为了达到目标而坚持不懈、不屈不挠、忍耐坚毅等个性品质；克制性是能够自我调节和控制自己的情绪、情感，能够避免盲目冲动的个性品质；适应性是能及时适应环境和条件变化，处事灵活不局限，善于进行自我调查和角色转换的认同和学习，善于人际合作。

王江民40多岁到中关村创业，靠卖杀毒软件，几乎一夜间就变成了百万富翁，几年后又变成了亿万富翁，他曾被称为中关村百万富翁第一人。王江民的成功看起来很容易，不费吹灰之力，其实不然。王江民困难的时候，曾经一次被人骗走了500万元。他的成功，可以说是偶然之中蕴含着必然。王江民3岁的时候患过小儿麻痹症，落下终身残疾。他从来没有进过正规大学的校门，20多岁还在一个街道小厂当技术员，38岁之前不知道电脑为何物。王江民的成功，在于他对痛苦的忍受力。从上中学起，他就开始有意识地磨练自己的意志："比如爬山，我经常去爬山，500米高很快就爬上去了，慢慢地爬上去也就不觉得累。再一个就是下海游泳，从不会游泳到喝海水，最后到会游泳，一直到很冷的天也要下水游泳，在冰冻的海水里锻炼忍受力。再比如，别人要游到一千米、两千米，那么我也要游到一千米、两千米，游到两三千米以后再上岸的时候都不会走路了，累得站不起来了。就这样锻炼自己，磨练自己的意志。"当他40多岁辞职来到中关村后，面对欺骗，面对商业对手不择手段、不遗余力地打击，都能够坦然面对。所以，中关村能人虽多，却让这样一个身残志坚的人拔得百万富翁的头筹。

所以，创业的先决条件，不光是有好的项目、雄厚的资金，更要有坚韧、执着的创业精神。只有拥有了创业精神，才能够突破困难，打开成功的大门。

第六章　高校学生创新创业能力培养

案例

童烽烽，宁波市职教中心学校 2000 届毕业生，现任宁海县跃龙街道炎风电脑公司经理。由于中考失利，童烽烽没有如愿考上普高，而是来到职业学校继续学业。在校期间，童烽烽成绩优秀，还是班里的团支书，并考取了计算机中级证书。尽管如此，毕业那年，童烽烽四处寻找合适的工作，却都不尽如人意。"给别人打工，不如自己当老板"，家人的一句玩笑话，惊醒梦中人。但是，一个刚刚毕业的中专生，没有社会经验，没有足够的资金，拿什么去创业呢？

正在童烽烽心灰意懒的时候，一天，亲戚家的电脑坏了，请他上门维修。凭借过硬的专业技术，不到一个小时，问题就查出来了，是零件出了问题，需要更换。亲戚对电脑一窍不通，只能请童烽烽再跑一趟电脑市场，买来零件更换上去。就是这一来二去，激发了他创业的灵感。

为了实现自己的创业梦想，童烽烽放弃了安逸的生活，开始四处奔走。当地的电脑公司大多没有上门维修服务，这个市场空缺让他看到了希望。他找人到住宅区和大街上分发传单，自己也在网上发布消息，凭借良好的技术和信誉，找他修电脑的人越来越多。

没过多久，童烽烽筹集了 5 万元左右的资金，开了一家公司——宁海县跃龙街道炎风电脑公司，主要采用的是分店合作模式，一般一个区域或乡镇开设一个或两个服务点。以前上门服务过的客户都成为他的老客户，他的事业蒸蒸日上。[①]

分析

你觉得童烽烽能创业成功，首要的前提是什么呢？对，就是他渴望创

---

① 黄欢. 大学生创业这点事 [M]. 北京：立信会计出版社，2018.

业。想创业、敢创业，是创业成功的必要前提。创业艰苦而且磨难很多，除了渴望创业外，我们还要破除依赖心理和胆怯心理；要提高创业的能力，富于创新，善于学习。只有苦过、累过、奋斗过的收获才是最宝贵的。

三、哪些人不适合创业

（一）缺少职业规划和职业意识的人

任何人的成功都不是偶然，职业规划和职业意识往往能更大限度地激发人的活力和创造力。缺少职业规划和职业意识的人，往往满足于机械性地完成自己分内的工作，缺少进取心和主动性。

（二）不勤奋的人

前面提到，创业者的成功需要自己具备良好的知识结构、能力、个性心理品质、创业精神等。一个懒惰的人，一定无法达到这些要求。在创业的过程中，可能会遇到许多困难和风险，不勤奋的人是难以应对的。

（三）唯命是从、僵化死板的人

这种类型的人，往往难以进行开拓性的工作，难以发现创业机会，难以灵活处理创业过程中遇到的难题，难以创造性地完成任务。

（四）固执己见、缺乏团队精神的人

固执己见不等于坚持自己的意见，而是任何时候都以自我为中心，不尊重他人意见，没有团队精神。在创业的过程中，尤其是创业初期，团队的良好协作是事业成功的基本条件。

（五）无主见、患得患失的人

创业过程中，需要创业者有主见、果敢、坚毅、经得起困难和风险。无主见、患得患失的行为会导致创业行为难以坚持到底，难以克服创业过程中的各种困难。

四、创业者素质的自我认知与判断

创业者素质的认知是创业准备的重要环节，自我认知是创业素质认知的基本方法。

1. 自我认知的重要性

自我认知是心理学的一个重要课题，客观全面的自我认知是心理健康的基础。从职业发展理论的角度来看，大学生进行自我认知是自我评估、进行生涯规划和职业选择的基础。

在进行了正确的自我认知后，大学生才能更好地对性格、兴趣、能力、价值观等进行评估，从而有助于进一步认识社会、认识工作的环境、认识人与社会的关系，进而有助于大学生进行包括创业在内的理性的职业选择。

正确的自我认知是成功创业的基础，有了正确的自我认知，在创业选择、创业团队组建等方面才能更加有效率，才能有的放矢地去搜寻那些符合个人特质的人和信息，而不会将时间浪费在一些明显不适合的领域里。

正确的自我认知是一个人能否健康快乐生活的基础。日常生活中，我们的自我了解往往比较粗略，这种粗略的了解可能会使我们对生活的理解甚至人生价值的认识产生偏差，从而影响工作和生活的质量。如果一个人有全面、客观的自我认知，他在进行职业选择时，包括在创业选择时，就不会盲目，不会患得患失，相反，会更有自信、更有毅力。

2. 自我认知的方法和原则

一般而言，自我认知的方法或途径有以下4种：

（1）职业测评

正规的职业测评工具和量表都是经过心理学家和职业发展理论专家经过多年研究和实证检验而成的。职业测评具有简单、快捷、全面、相对科学的特点，但是，由于这些测评方法和量表多为国外研究成果，其选择具有特定的人文和社会背景。尽管国内专家们已经做了大量的本土化研究，但是，大学生在使用这些工具时，仍然要理性地看待测试结果，应结合多种途径得到的结果，对自己进行评估。

（2）生活事件法

通过反思自己在日常生活中的各种活动和重要事件中处理问题的认识、方法、感受等，来判断和分析自己的性格、能力等特点。比如，自己在遇到问题时是比较冷静还是比较急躁，是喜欢自己独自处理还是喜欢求助于他人，是不是体现出了进取精神等，从中分析自己的特质是否与创业者素质相符，从而判断自己是否真的适合创业。

（3）他人反馈法

所谓"旁观者清"，有时候我们自己确实很难意识到自己存在的优点或缺点，而这些优缺点很可能是创业是否能成功的关键要素，因此，从他人的反馈中分析自己的特点很有必要。这些"他人"主要包括父母、亲朋、老师、同学、合作伙伴等。

（4）职业咨询

即寻求专业职业指导和咨询人员的指导。在使用各种方法进行自我认知时，应遵循以下原则：

1）科学原则

在进行自我认知的过程中,应该多种方法和途径相结合,以弥补各种方法的不足,达到对自己更科学的评估。

2）发展原则

大学阶段,是一个人成长和发展非常迅速的阶段,体能、性格、理想、价值观等都慢慢清晰或者可能改变,因而,自我认知也是一个发展的过程,因此,通过一两次评估得出的结论并不就是全面、科学的。从创业素质认知的角度来看,由于创业行为的机会成本相对来说更大,对个人创业素质的认知更需要在一定时期内,以发展的眼光进行科学和准确的评估,以增加成功的概率。

第二节 大学生创新创业能力的培养

创业者能力是个人或团体所具备的从事开拓性活动时的特殊的心理能力和个性品质,是创业者解决创业及创业企业成长过程中遇到的各种复杂问题的本领,是创业者基本素质的外在表现。它有很强的实践性、一定的开拓性、集中的表现力和高度的综合性。创业者的能力是创业者整体素质体系中的核心要素,从实践的角度看,表现为创业者把知识和经验有机结合起来并运用于创业管理的过程。它具体包括机会识别、整合资源、风险决策能力、战略管理能力、创新能力和创业网络构建能力等。

案例

"饿了么"CEO张旭豪白手起家的创业故事

2008年开始在宿舍创业,到2015年,获得E轮融资,拥有几千名员工,服务范围也从上海交通大学周边快速扩展到全国 250 个城市。这便是中国最大的在线外卖订餐平台"饿了么"的快速发展轨迹。

已经广为熟知的初心，叫外卖未果激发创业梦

2008 年，还在上海交通大学机械与动力工程学院读硕士一年级的张旭豪认为，只要自己做的东西被市场认可，个体就是有价值的。一天晚上，他和室友一边打游戏一边聊天，突然感到饿了，打电话到餐馆叫外卖，要么打不通，要么不送。创业就这样从不起眼的送外卖服务开始了。张旭豪和康嘉等同学一起，将交大闵行校区附近的餐馆信息搜罗齐备，印成一本"饿了么"的外送广告小册子在校园分发，然后在宿舍接听订餐电话。接到订单后，他们先到餐馆取快餐，再送给顾客。这一模式完全依靠体力维持业务运转，没有太大的扩张余地。唯一的好处是现金流充沛：餐费由他们代收，餐馆一周结一次款。

只有互联网能够大规模复制并且令边际成本递减。2008 年 9 月，饿了么团队开始研发订餐网络平台，张旭豪先通过校园 BBS（电子公告牌系统）招来软件学院的同学入伙。用了半年左右时间，他们开发出首个订餐网络平台。在网址注册时，他们用了"ele.me"（"饿了么"的汉语拼音）。网站订餐可按需实现个性化功能，比如，顾客输入所在地址，平台便自动测算周边饭店的地理信息及外送范围，并给出饭店列表和可选菜单。

网络订餐系统初运营时，已有 30 家加盟店支持，日订单量达 500~600 单。可那段时间，张旭豪和康嘉却因为过于奔忙劳碌而"后院起火"：先是窃贼光顾宿舍将电脑等财物一掠而空；接着，一位送餐员工在送外卖途中出车祸；随后，又有一辆配送外卖的电动车被偷……重重压力下，张旭豪不得不撤销热线电话和代店外送，让顾客与店家在网上自动下单和接单。

参赛造势助力"饿了么",引来风投青睐

为了给网站造势,张旭豪不停地参加各种创业大赛,以扩充创业本金。2009年10月,饿了么网站在上海慈善基金会和觉群大学生创业基金联合主办的创业大赛中获得最高额度——资助10万元全额贴息贷款。12月,网站在欧莱雅大学生就业创业大赛上获得10万元冠军奖金……通过创业竞赛,团队总共赢得了45万元创业奖金。获得资金的饿了么网站如鱼得水,到2009年底,订餐平台已拥有50家餐厅,日均订餐交易额突破1万元。

为了网站的发展,张旭豪招来了网站技术总监汪渊,汪渊专门编写了一个小软件,可在校内BBS上给每个会员用户自动群发站内消息,其中规模最大的一次发了6万条。饿了么网站因此访问量大增。

靠线上和线下广告吸引学生订餐容易,但吸引更多饭店加盟绝非易事。多数店家持半信半疑的态度:"我在你的网上开个页面,放几份菜单,你凭什么就要抽走8%的收入?"对此,张旭豪的策略是:谈,不停地谈。他们每天出门"扫街",最忙时一天要"扫"100多家饭店,最难谈的饭店,谈了40多个回合才拿下。

2010年5月,网站2.0版本成功上线。饿了么不仅攻下华东师范大学校区,连附近紫竹科学园区也被纳入自己的势力范围,顾客群从大学生拓展到企业白领。仅隔一个月,饿了么就推出了超时赔付体系和行业新标准。9月,饿了么全上海版上线,合作餐厅超过1000家,单月最高交易额达到了100万元。

2010年11月,手机网页订餐平台上线,订餐业务不仅覆盖了全上海,目标还直指北京、杭州等大城市。2011年3月,饿了么注册会员已超过2

万人，日均订单3000份。这一战绩很快引起了美国硅谷一家顶级投资公司的高度关注，接洽数次后，饿了么成功融得100万美元风险投资。

融资增强实力，快速全国扩展

2011年7月，饿了么相继在北京和杭州两大城市成立分公司，风投紧随而来，2013年完成B轮和C轮融资，2014年完成D轮8000万美元融资。张旭豪称，融资后的三大任务是：持续完善高校的外送服务；继续大规模地开拓白领住宅市场；搭建以自有物流为中心，社会化物流为辅的物流配送平台，使之成为广泛覆盖中国的最后一公里物流网络。

E轮融资后钱怎么花：专注"高校、白领、物流"

过去几年来，高校的学生群体是饿了么的主力消费群体，从曾经的扩张轨迹中，可以看到饿了么仍然在延续这种从高校开战的打法，新增的100多个城市基本都从高校"扫街"开始。但学生群体的消费能力和忠诚度都很难令人满意。除了在三、四线城市快速铺开，饿了么也筹谋在几个比较成熟的市场中，实现从高校到办公楼、从学生到白领的另一种扩张。

2015年8月，饿了么在上海10万块分众楼宇显示屏投放免费午餐广告，共送出了20万份20元代金券。从学生宿舍楼的传单到楼宇广告的投放，获取白领用户的成本显然更加昂贵，但对饿了么来说，白领及住宅市场是不得不攻下的一城。

这轮融资除了资本层面的合作，饿了么也与腾讯、京东、大众点评等合作伙伴达成资源方面的深度合作。通过集合合作伙伴在不同领域的优势资源，饿了么将逐步搭建一个全新的在线外卖领域的生态系统。[①]

---

① 黄欢. 大学生创业这点事[M]. 北京：立信会计出版社，2018.

分析

大部分年轻人都有自己的创业梦，但很大一部分人并没有付诸行动，只停留在对创业者的羡慕或是崇拜中，望洋兴叹。其实，创业并不神秘，每一个创业者都在追求成功，而成功往往就在不经意的转角处。没有创业者是一帆风顺的，创业会面临一些难题，啃啃"硬骨头"，拿下这些难题，就上了一个新的台阶，离成功也就更进一步。创业者就是在一次次困难中坚持梦想，创造价值！

一、机会识别能力

机会总是留给善于捕捉机遇的"机会头脑"。在稍纵即逝的"机会"面前，能敏捷捕捉、明智决断，是创业者创业的思维基本功。只有具备这种"机会敏感综合征"——以一种近乎病态痴狂的态度去等待、感悟、决断机会的人，才能够不失时机地进行创业，成为合格的创业者。

二、风险决策能力

创业者的决策能力集中体现在创业者的战略决策能力上，即创业者在对新创企业外部经营环境和内部经营能力进行周密细致的调查和准确而有预见性的分析的基础上，确定企业发展目标、选择经营方针和制定经营战略的能力。虽然创业者有时候也进行一些战术性决策，但更多的精力是用于战略决策。

三、战略管理能力

把创业仅仅看作是一些天赋、灵感与智慧的闪念是完全错误的，创业始终是一种可以管理，也需要管理的系统工作，而绝不是坐等灵感的降临。因此，创业者必须在创业中始终都保持着常态的管理意识。管理主要是针对机会的捕捉和利用，有许多发明家，虽然擅长创新，也有创业的宏愿，但由于管理意识的薄弱，以致错失良机，实现不了将创新成果向创业成果的转化，并且他们也没有意识到，只有通过常态的管理机制，才能更好地进行发明创造。

四、开拓创新能力

创业者必须具备创新能力，这是由经营管理活动的竞争性所决定的。而提高竞争力的关键在于发挥创业者的创新能力。只有不断地用新的思想、新的产品、新的技术、新的制度和新的工作方法来替代原来的做法，才能使企业在竞争中立于不败之地。

五、创业网络构建能力

创业者必须善于建立本行业的广泛社会网络，包括有关本行业的现代电脑网络。密集的行业网络沟通有助于创业者从广泛的社会网络中获取高回报的创业信息，促使创业者在巨型网络提供的信息精华中，汲取经验教训、培养创业精神，既勇于冒险，又坦然地接受失败。"网络"素质较高的创业者，由于掌握了极其丰富的发明、生产、销售等诸多信息，真正做到了知己知彼，因而其决策之成功，回报率之高，为一般创业者所望尘莫及。

六、组织管理能力

创业者具有把各项生产要素有机组合起来，形成系统整体合力的杰出才能。创业者就是研究、开发、生产、销售等各个环节的协调者、组织者和领导者。为使创业者的组织才能发挥到最高水准，创业者必须具备敏锐的判断力，坚强的毅力，以及高超的管理艺术，尤其应具备以下两方面的能力：一方面，必须对自己经营的企业了如指掌，有预测生产和消费趋势的能力。另一方面，必须善于选择合作伙伴，有组织或领导他人、驾驭局势变化的能力。

案例

19世纪末期，美国加利福尼亚州出现了一股淘金热潮。一位年仅17岁的少年也想加入淘金队伍中，然而，他发现淘金并不是一件容易的事，他畏惧那些野蛮的淘金人。不过，当他发现炎热天气下淘金人经常口渴难耐后，他就挖沟引来远处河里的水，过滤三次成为清水后再卖给当地的淘金人。淘金带有风险，而且他当时在加利福尼亚州不一定可以淘到金子，然而卖水却是很保险的。他在很短的时间内就通过卖水赚了6000美元，之后回家乡创办了自己的罐头厂，他就是后来被称为美国"食品大王"的亚尔默。能够成功的企业家大都具有独特的见解，他们能够换一个角度看待问题，并可以持续不断地创新并探索新的市场需求。所以说，创业者既要能够发现市场的需求，同时也要注意到不同事物间存在的联系。[1]

分析

能够成功的企业家大都具有独特的见解，他们能够换个角度看待问题，并可以持续不断地创新并探索新的市场需求。所以说，创业者既要能够发现市场的需求，同时也要注意到不同事物间存在的联系。

---

[1] 黄欢.大学生创业这点事[M].北京：立信会计出版社，2018.

七、职业价值观测评

说明：下面有52道题目，每个题目都有5个备选答案，请根据自己的实际情况或想法，在题目后面圈出相应的字母，每题只能选择一个答案。

A——非常重要

B——比较重要

C——一般

D——较不重要

E——很不重要

[1] 工作必须经常解决新的问题。ABCDE

[2] 工作能为社会福利带来看得见的效果。ABCDE

[3] 工作奖金很高。ABCDE

[4] 工作内容经常变换。ABCDE

[5] 能在工作范围内自由发挥。ABCDE

[6] 工作能使同学、朋友非常羡慕你。ABCDE

[7] 工作带有艺术性。ABCDE

[8] 工作能使人感觉到你是团体中的一分子。ABCDE

[9] 不论怎么干，总能和大多数人一样晋级和涨工资。ABCDE

[10] 工作使自己有可能经常变换工作地点、场所和方式。ABCDE

[11] 工作中能接触到各种不一样的人。ABCDE

[12] 工作上下班时间比较随便、自由。ABCDE

[13] 工作使自己不断获得成功的感觉。ABCDE

[14] 工作赋予自己高于别人的权力。ABCDE

[15] 在工作上，能实行一些自己的新想法。ABCDE

[16] 在工作中不会因为身体或能力等因素，被人瞧不起。ABCDE

[17] 能从工作的成果中知道自己做得不错。ABCDE

[18] 工作经常要外出，参加各种集会和活动。ABCDE

[19] 只要做这份工作，就不想再被调到其他意想不到的单位和工种上去。ABCDE

[20] 工作能使世界更美丽。ABCDE

[21] 在工作中，不会有人常来打扰你。ABCDE

[22] 只要努力，工资会高于其他同年龄的人，升级或涨工资的可能性比干其他工作大得多。ABCDE

[23] 工作是一项对智力的挑战。ABCDE

[24] 工作要求自己把一些事务管理得井井有条。ABCDE

[25] 工作单位有舒适的休息室、更衣室、浴室及其他设备。ABCDE

[26] 工作让自己有可能结识各行各业的知名人物。ABCDE

[27] 在工作中，能和同事建立良好的关系。ABCDE

[28] 在别人眼中，自己的工作是很重要的。ABCDE

[29] 在工作中经常接触到新鲜的事物。ABCDE

[30] 工作使自己能常常帮助别人。ABCDE

[31] 在工作单位中，有可能经常变换工作岗位。ABCDE

[32] 工作作风使自己被别人尊重。ABCDE

[33] 同事和领导人品较好，相处得比较融洽。ABCDE

[34] 工作会使许多人认识你。ABCDE

[35] 工作场所很好，如有适度的灯光，安静、清洁的工作环境，甚至

恒温、恒湿等优越的条件。ABCDE

[36] 在工作中，为他人服务，使他人感到很满意，自己也很高兴。ABCDE

[37] 工作中需要计划和组织别人的工作。ABCDE

[38] 工作需要敏锐的思考。ABCDE

[39] 工作可以使自己获得较多的额外收入，如常发实物福利、常购买打折扣的商品、常发商品的提货券、有机会购买进口货等。ABCDE

[40] 工作中自己是不受别人差遣的。ABCDE

[41] 工作结果应该是一种艺术而不是一般的产品。ABCDE

[42] 工作中不必担心会因为所做的事情领导不满意而受到训斥或经济惩罚。ABCDE

[43] 工作中能和领导有融洽的关系。ABCDE

[44] 可以看见努力工作的结果。ABCDE

[45] 工作中常常需要提出许多新的想法。ABCDE

[46] 由于自己的工作，经常得到许多人的感谢。ABCDE

[47] 工作成果常常能得到来自上级、同事的肯定。ABCDE

[48] 在工作中，可能做一个负责人，虽然可能只领导很少几个人，但信奉"宁做兵头，不做将尾"的俗语。ABCDE

[49] 从事的那种工作，经常在报刊、电视中被提到，因而在人们心目中很有地位。ABCDE

[50] 工作有数量可观的夜班费、加班费、保健费或营养费等。ABCDE

[51] 工作比较轻松，精神上也不紧张。ABCDE

[52] 工作需要和影视、戏剧、音乐、文学等艺术打交道。ABCDE

评分与评价

上面的52道题目分别代表13项工作价值观。每圈一个A得5分、B得4分、C得3分、D得2分、E得1分。请根据下面评价表中每一项前面的题号，计算每一项的得分总数，并把它填在表6-1中每一项的得分栏上，然后在表格下面依次列出得分最高和最低的3项。

表6-1 评 价 表

得分	题号	价值观	说明
	[2]，[30]，[36]，[46]	利他主义	工作的目的和价值，在于直接为大众的幸福和权益尽一份力
	[7]，[20]，[41]，[52]	审美主义	工作的目的和价值，在于能不断地追求美的东西，得到美感的享受
	[1]，[23]，[38]，[45]	智力刺激	工作的目的和价值，在于不断进行智力的操作，动脑思考，学习及探索新事物，解决新事物
	[13]，[17]，[44]，[47]	成就感	工作的目的和价值，在于不断创新，不断取得成就，不断得到领导和同事的赞扬，或不断实现自己想要做的事
	[5]，[15]，[21]，[40]	独立性	工作的目的和价值，在于能充分发挥自己的独立性和主动性，按自己的方式、步调或想法去做，不受他人的干扰
	[6]，[28]，[32]，[49]	社会地位	工作的目的和价值，在于所从事的工作在人们的心目中有较高的社会地位，从而使自己得到人们的重视和尊敬
	[14]，[24]，[37]，[48]	管理权	工作的目的和价值，在于获得对他人或某事物的管理支配权，能指挥和调遣一定范围内的人员
	[3]，[22]，[39]，[50]	经济报酬	工作的目的和价值，在于获得优厚的报酬，使自己有足够的财力去获得自己想要的东西，使生活过得较为富足
	[11]，[18]，[26]，[34]	社会交际	工作的目的和价值，在于能和各种人交往，建立比较广泛的社会联系和关系，甚至能和知名人物结识
	[9]，[16]，[19]，[42]	安全感	不管自己能力怎样，希望在工作中有一个安稳局面，不会因为奖金、涨工资、调动工作或领导训斥等经常提心吊胆、心烦意乱
	[12]，[25]，[35]，[51]	舒适安逸	希望能将工作作为一种消遣、休息或享受的形式，追求比较舒适、轻松、自由、优越的工作条件和环境

续表

得分	题号	价值观	说明
	[8]、[27]、[33]、[43]	人际关系	希望一起工作的大多数同事和领导人品较好，相处在一起感到愉快、自然，认为这就是很有价值的事，是一种极大的满足
	[4]、[10]、[29]、[31]	追求新意	希望工作的内容应该经常变换，使工作和生活显得丰富多彩，不单调、枯燥

一般而言，具有创业特质的人，其职业价值观更多地表现为智力刺激、成就感、社会地位、独立性、经济报酬等。在进行创业选择时，职业价值观的测评可以作为一个参考维度。

参考文献

[1] 邝邦洪. 高等教育的实践与探索[M]. 广州：广东高等教育出版社，2020.

[2] 黄瑞宇. 新时代高校学生工作的创新研究与实践探索[M]. 北京：中国政法大学出版社，2020.

[3] 陆宝萍. 高校学生公寓管理及文化建设初探[M]. 北京：北京理工大学出版社，2021.

[4] 史耀忠. 职业素养教育的探索与实践[M]. 北京：北京理工大学出版社，2018.

[5] 周立新，张海宁. 都市寄宿高中的"四自"教育实践研究[M]. 合肥：中国科学技术大学出版社，2020.

[6] 吴奕，金丽馥. 新时代高校文化育人理论与实践[M]. 镇江：江苏大学出版社，2021.

[7] 刘贤红. 以学生为本与高校教学管理改革[J]. 文教资料，2007(22):2.

[8] 王鹏. 浅析高校学生管理与学生素质教育的关系[J]. 读与写：教育教学刊，2014，11(11):1.

[9] 付宏鹏，孙锐. 漫谈高校学生管理与教学管理融合机制[J]. 教育现代化，2019.

[10] 席元第, 富奇, 肖荣, 等. 专业教学与学生管理相结合的高校教育方式初探[J]. 医学教育管理, 2017, 3(A02):3.

[11] 王晓君. 信息化背景下高校学生管理工作研究[D]. 云南：昆明理工大学, 2015.

[12] 陈少靖. 高校学生评教的有效性探究[J]. 海峡科学, 2016(8):3.

[13] 吴光炳. 民办大学教学与管理：武汉工业学院工商学院文集[M]. 北京：中国财政经济出版社, 2009.

[14] 聂兆祥. 高校学生工作部学生管理服务的信息化建设[D]. 成都：电子科技大学, 2010.

[15] 孙雨霞, 穆得超, 王俊艳. 高等医学院校学生参与教学管理的探索与实践[J]. 中华医学教育杂志, 2011, 31(3):338-340.

[16] 王孟岩, 王秀梅. 大数据时代高校学生管理工作信息化建设现状及建议[J]. 佳木斯职业学院学报, 2021, 37(11):108-109.

[17] 邓妙卿. 西安地区民办高校学生工作管理信息化研究[D]. 西安：长安大学, 2020.

[18] 张幸琪. 中西部高校少数民族预科学生管理工作成效调研[D]. 西安：陕西师范大学, 2019.